Teoterapia
"Sano y Santo"

ISBN 978-987-26945-1-7

1. Espirirualidad.I Gianni, Ines Cecilia II Título CDD 291.4
Muñoz Larreta, Victor Manuel

Teoterapia: sano y santo
Victor Manuel Muñoz Larreta y Ines Cecilia Gianni.
1a ed. - Miramar: Volemos Alto, 2011.

Diseño de Tapa: Silvina Otamendi
silvinaotamendi2@hotmail.com

Correcciones: Nora Ivars

Diagramacion interior: Pixel Urbano.
www.pxurban.com.ar

La reproducción total o parcial de este libro en cualquier forma que sea,idéntica o modificada, no autorizada por el Editor, viola los derechos reservados, incluyendo su uso por internet o cualquier otro medio electrónico. Cualquier utilización debe ser previamente solicitada. Hecho depósito que marca la ley 11.723

Impreso en Ghione Impresores SRL. www.ghioneimpresores.com.ar
Impreso en Argentina - Printed in Argentina

Teoterapia
"Sano y Santo"

Contenido

Dedicatoria 9
Prólogo 11
Introducción 13
Capítulo I: ¿Teoterapia?: Terapia hacia la plenitud 19
Capítulo II: ¿El método...? 27
Capítulo III: Elección de Referentes... 49
Capítulo IV: El camino de la Escuela... 55
Capítulo V: ¡Primer grado! 63
Capítulo VI: Segundo grado: intelectualización de la vida... 103
Capítulo VII: Tercer grado: la pasión aflora... 113
Capítulo VIII: Cuarto grado: ¡Sssshhh!, déjame escuchar el silencio... 135
Capítulo IX: Quinto grado: Alguien llama... 163
Capítulo X: Sexto grado: Sosiego... 171
Capítulo XI: Séptimo grado: Certeza y plenitud... 181
Capítulo XII: Octavo grado: "Locura de amor..." 187
Capítulo XIII: Noveno grado: Pasión de Amor... 201
Capítulo XIV: ¡Hacia Sanos y Santos...! 207
Bibliografía recomendada 217
Retiros Espirituales recomendados 219

DEDICATORIA

Dedicamos este libro a toda la Comunidad de Convivencias, a la que pertenecemos y amamos.

En especial al Padre Alberto Ibáñez Padilla S.J., Sacerdote fundador de dicha Comunidad, y también nuestro educador. Vaya a él nuestro agradecimiento por todo lo que nos regaló con sus enseñanzas y su acompañamiento como padre espiritual, quien impregnó cada párrafo de este libro.

Y también nuestro reconocimiento a nuestros hermanos mayores en el Espíritu que nos han alentado y guiado en este sendero de unión con Dios:

Padre Pepe Vallarino, Hermana Yolanda Lourenço, Padre Horacio Bojorge S.J., Edgar Podestá.

¡Y a nuestras familias y amigos!, en especial a nuestro hermano de sangre y espíritu Horacio Muñoz Larreta.

Muchos de ellos nos han ayudado en la corrección del libro.

¡Que Dios retribuya a cada uno con su infinito amor!

También a nuestros queridos hijos de sangre, y también a los hijos espirituales.

¡Los amamos tanto tanto...!

Y por supuesto a (Shil) Silvina Otamendi y a Nora Ivars por estar ayudándonos en los diseños y correcciones.

Inés y Toio

Prólogo

He leído este libro con inmenso gozo. Logra conciliar la psicología con la fe, ayudando a los pacientes desde el consultorio con los recursos sobrenaturales que la psicología incrédula ignora.

Pero además acerca la alta espiritualidad al nivel del católico común.

Como conozco muy por dentro a los dos autores, puedo testificar que han hecho un fecundo camino en psicología y en experiencia religiosa que les permite hablar de lo que saben.

Las Convivencias con Dios, que ellos presentan, son una escuela práctica donde se va viviendo todo lo que aquí está expuesto en teoría.

Están surgiendo diversos trabajos que encaran la hermenéutica bíblica, la doctrina catequética, las aplicaciones sociológicas, u otros aspectos de esa escuela. En ese marco, este libro aporta la luz de la psicología para iluminar un interesante aspecto de las Convivencias con Dios.

Sin embargo, los autores no han caído en la tentación de hablar en lenguaje científico, y así lograron que su obra sea de provecho para el lector común. En ese mismo lenguaje hablan ellos a sus pacientes.

Ruego a Dios que este libro tenga el éxito de difusión que se merece, y que los lectores sepan aprovecharlo para lograr no sólo la salud psicológica sino también un gozoso encuentro con Dios Amor.

Padre Alberto Ibáñez Padilla S.J.

Inés Gianni y Toio Muñoz Larreta

INTRODUCCIÓN

¡Hola, querido amigo lector!

¡¡¡Qué privilegio es compartirte estas ideas!!!

¿Sabes? las ideas que encontrarás en este libro nos han cambiado la vida.

Y ahora vos estás a punto de conocer algunas ideas que pueden cambiar tu vida también para siempre.

El tiempo de cada persona es sagrado y que vos compartas con nosotros algo de tu tiempo es parte del vínculo de amor que, aunque sea inconscientemente, nos une.

Posiblemente tu vida nunca más vuelva a ser igual.

Tenemos muchísimo entusiasmo por todo lo que te compartiremos en este libro.

Vamos a intentar meter el "supermercado en el carrito", es decir que queremos compartirte todo lo que podamos para que tu vida también se enriquezca como la nuestra.

Algunas ideas están desarrolladas aquí con mayor profundidad, pero hay otras que quizás a ti te resulten importantes y tal vez están más desarrolladas en otros libros o audiolibros que escribimos.

Por ejemplo en el libro *"Camino a la Libertad"* o en el *"Taller para Caminar hacia la Libertad"*, volcamos muchas de las ideas aquí sugeridas pero en diferentes ámbitos de la vida como la economía personal, la vocación, el estilo de vida, los vínculos, la afectividad o el disfrute.

Nuestra vocación es llevar las cumbres de la vida espiritual a la vida cotidiana.

Pero hay algo más importante aún que queremos decirte...

Este libro está escrito para compartirte las ideas que a nosotros nos cambiaron la vida y la enriquecieron enormemente, por lo tanto no somos tus "**maestros**" sino que somos "**testigos**" o "**acompañantes**" que desearían caminar contigo, a tu lado, en los próximos días.

Por tal motivo te rogamos que no tomes las ideas o sugerencias que se vuelcan en este libro como venidas de personas superiores a ti o que "saben" más, sino como testigos privilegiados que desean compartirte sus experiencias más maravillosas.

También te aclaramos que ambos somos psicólogos y el lenguaje que utilizamos, queramos o no, estará atravesado por esta formación. Frecuentemente pensamos que estamos utilizando un lenguaje simple que todos puedan comprender, pero luego nos damos cuenta que hay algunos términos que se nos escaparon y que no son tan familiares para el público que no está habituado con el vocabulario de la psicología.

Si tienes alguna duda nos puedes escribir al siguiente mail:
toioines2@yahoo.com.ar

Habiendo aclarado algunas ideas iniciales, vayamos a la introducción...

¿Se puede sanar en nuestra afectividad, en los vínculos cotidianos, en nuestra autoestima, en la forma de relacionarnos con los otros, al tiempo de crecer espiritualmente?

Propuesta terapéutica....

¡Qué bueno! ¡Una propuesta terapéutica que te intente abrir el espacio espiritual y que cualquiera pueda seguir!

Nuestra experiencia nos muestra que las personas que desarrollan una **vida interior** más rica, tienen mayor perseverancia en su camino de **sanación** psicológica.

Los psicólogos sabemos que hay muchos tipos de pacientes. Hay personas que consultan al psicólogo con la intención de mejorar sus vidas, para sanarse de algún padecimiento emocional (como la depresión o la ansiedad); para liberarse de algún recuerdo doloroso, para aprender a convivir con miembros de su familia con los cuales tienen una mala relación; o también porque quieren cambiar de trabajo, de pareja, de profesión, y otros tantos motivos.

Todos ellos aparentemente van a un psicólogo con la intención de "cambiar" o hay veces llevan la idea un tanto mágica de que el psicólogo les "cambie la vida".

Pero perseverar en dicho cambio, e involucrarse hasta lo más hondo en un camino de constancia, es una tarea de lo más dificultosa y **¡pocos sobreviven** a la experiencia!

Por eso, estimado lector, estás frente a la oportunidad de **un antes y un después** en tu vida.

Somos testigos del cambio interior que produce un verdadero crecimiento espiritual.

Aquí te iremos presentando un método que te ayudará a perseverar y así desarrollar un hábito cotidiano.

Pero sabemos que ¡los métodos no salvan a nadie! Son simplemente un medio que puede ser utilizado como **herramienta** para ayudar a secundar la acción en tu interior.

La psicología y las técnicas de desarrollo personal, desde esta perspectiva, son solamente eso, es decir una herramienta más de las tantas que tienes a tu disposición.

Muchas de las ideas que te aportaremos vienen desde la psicología de rama vincular, relacional o comunicacional Sistémica.

Hay otras muchas visiones filosóficas o antropológicas muy buenas e interesantes, pero nosotros elegimos ésta porque creemos que expresa de manera sencilla lo que queremos lograr como objetivo en este libro.

A su vez, la espiritualidad que nos atraviesa tiene que ver con las enseñanzas de Santa Teresa de Ávila, San Juan de la Cruz, y San Ignacio de Loyola, entre otros.

Pero hay también otros muchos caminos de llegar a los objetivos de crecimiento en la vida espiritual que también son muy buenos.

¿Sabes? Santa Teresa de Ávila describía el camino de crecimiento espiritual con la idea de un "Castillo interior".

En la morada más profunda del Castillo, habita sólo Dios, y afuera del Castillo están los enemigos, los obstáculos, etc.

El recorrido de crecimiento espiritual supone emprender un sendero para llegar al interior del Castillo, atravesando todas las habitaciones hasta llegar a ese refugio más íntimo.

Santa Teresa decía que la primera morada, de la cual partimos, es el **conocimiento propio**. Luego agregaba que ese conocimiento propio es muy bueno siempre y cuando nos miremos con los **"ojos de Dios"**.

Ése era el método que proponía la santa hace varios siglos atrás. Hoy hay muchos **tests** para conocernos.

Hay muchas revistas de divulgación masiva que te proponen tests para conocerte mejor.

Algunos son sencillos y otros ¡¡¡sólo el que los diseñó los entiende!!!
Algunos son muy buenos y científicos, ¡¡¡otros son una estafa!!!

Pero ahora queremos enriquecer aún más tu mirada interior con otras herramientas diferentes a los tests.

En la primera parte del libro describiremos el método.

En la segunda mitad del libro, trabajaremos sobre un proceso de crecimiento psicológico y espiritual.

¡¡¡Si te atreves a recorrerlo, alcanzarás la mayor felicidad del mundo!!!

Te alentamos a perseverar en la lectura.

Estimado amigo ¿sabes lo que cuentan las estadísticas? Dicen que la gran mayoría de las personas que compran un libro, ¡ni siquiera comienza el primer capítulo!
Y de esos aventureros que comienzan ¡el noventa por ciento no llegan a terminarlo!
Por eso nuestras felicitaciones por haber comenzado.
Pero esperamos ¡¡¡que llegues a ese diez por ciento que lo concluye!!!
El hecho de perseverar en la lectura es una forma de comenzar a perseverar en lo que haga falta en la vida para alcanzar los objetivos que te irás proponiendo.

Este libro se dedicará a compartirte un método para perseverar en todo aquello que te puede hacer crecer, sanar y vivir con mayor plenitud.

Juntos iniciaremos un recorrido que te llevará a la **transformación** de tu **vida** para **siempre**.

Pero no basta sólo con comenzar sino que te ayudaremos a continuar con un **crecimiento sostenido** en la vida espiritual que deje como frutos la sanación y el equilibrio psicológico más deseado, anhelado e imaginado.

Pero lo más importante es que comenzarás una aventura llena de tesoros escondidos en tu interior.

A medida que vayas descubriendo esas riquezas ocultas, te sentirás alentado a seguir adelante, a dejar de lado muchos lastres a los cuales estabas apegado y te impedían seguir dando pasos.

Algunos de nosotros, muchas veces, nos conformamos con tesoros aparentes.

No buscamos la felicidad plena sino pasarla "más o menos bien".
No perseguimos la paz interior plena, sino frecuentemente buscamos "no tener grandes problemas".
No vamos al encuentro del "sentido de vida" sino que seguimos tras el "día a día" e intentamos que nadie nos complique mucho la existencia.

Hoy te proponemos ¡levantar más los ideales!
Hay que **apuntar bien alto** y luego **tender** hacia ese ideal.

Hay un dicho que también te lo compartimos en los audios del *"Taller Para Caminar hacia la Libertad"* (después te explicaremos de qué se trata este Taller), que dice así:

"Apúntale a las estrellas si quieres
acertarle a la montaña"

No se trata de afligirte porque todavía no llegas a ese ideal bien alto, sino de buscar siempre **tender** hacia esos objetivos, ¡¡¡aunque ese proceso te lleve toda la vida!!!

Estos próximos capítulos tratarán de introducirte en un proceso de crecimiento personal en la vida interior.

Algunos puntos se irán aclarando con el paso de los capítulos. Pero veamos este proceso desde el comienzo...

Capítulo I

¿Teoterapia?: Terapia hacia la plenitud...

Hoy en día hay muchas propuestas terapéuticas de sanación interior o de desarrollo personal. Una forma de **evaluar** la "**oferta**" de propuestas es observar detenidamente los frutos de dichas formulas.

¿Enriquecen tu vida y a tu entorno, haciendo que tu vida crezca en capacidad de gozo y libertad interior?

¡Muchas personas intentan proponerte espiritualidades o terapias que no les han ayudado en sus propias vidas, o que ellos mismos todavía no practican!

No decimos que todos aquellos que proponen terapias o métodos de crecimiento interior deberían ser "perfectos", pero el testimonio de vida es importantísimo para avalar una creencia.

De hecho los grandes **líderes** espirituales, políticos, o sociales siempre han enseñado con su ejemplo más que con sus palabras.

En el ámbito del desarrollo personal también sucede así. Pero en el ámbito de la psicología esta situación no es tan frecuente.

Hay veces que se enseñan métodos divorciados de la propia vida.

Para nosotros es importante ver los frutos en la propia vida del que sostiene estas creencias.

En este libro te presentamos un proceso de crecimiento interior que produce frutos de sanación psicológica, y sobre todo porque primero ha producido frutos ¡en los que lo proponen!, es decir ¡¡en nosotros mismos!!

Pero ¡ojo!, ¡¡no somos un modelo acabado!!! sino simplemente te contamos que este proceso de crecimiento nos ayudó a dar pasos bien visibles en nuestra vida y que, hoy mismo, continuamos practicando para seguir creciendo al igual que lo harás vos.

Por eso nosotros buscamos a los testimonios de vida detrás de las teorías, y ahora te presentamos las estrategias que ellos mismos nos mostraron.

Buscar a alguien que es testimonio de vida de lo que pretendes estudiar es una manera de comenzar a caminar en este sentido.

Veamos un ejemplo...

Si estás casado y quieres mejorar tu matrimonio y pides ayuda a alguna persona que te aconseje, y viene alguien que pretende aconsejarte y que va por el séptimo divorcio ¿dudás de sus consejos, verdad?

Si eres joven, y quieres estudiar alguna carrera universitaria es bueno que comiences por buscar profesionales que ejerzan dicha carrera para verificar sus estilos de vida, creencias, y otras situaciones propias de esos profesionales.

Con las propuestas de desarrollo personal sucede algo similar.

Busca a los **sabios** de hoy en día.

Personas que dan testimonio de **madurez** y equilibrio.

Aquellos que, como **fruto** de su **crecimiento interior**, tienen una relación sana con los que los rodean.

Los que también, a consecuencia de su intimidad interior, han encontrado un sentido a sus vidas que los llena de **gozo** y torna más plena la vida de los que los rodean.

Pero, sobre todo, busca a aquellos que tienen una espiritualidad que los alienta a seguir creciendo **siempre**.

Tal vez para vos la palabra "**sabio**" o "**santo**" es sinónimo de alguien demasiado diferente o inaccesible o inalcanzable.

Nosotros proponemos el término como sinónimo de "**hombre interior**".
Es aquel que sigue una búsqueda interior en su vida, y eso ¡¡¡"se le nota"!!!.
Es aquel que tiene un espacio de intimidad cotidiana, y esto se puede observar concretamente en sus actos.

Se opone a esta descripción el "**hombre superficial**", que sólo vive de realidades exteriores, del qué dirán, del apego desmedido a las posesiones sin sentido, de la fama, del afán del poder (el hombre Light).

Pero para llegar a ser una persona "interior" hay que lograr ciertos **cambios** profundos y lógicamente también exteriores.

Miedo al cambio...

Para crecer hay que cambiar. El miedo al cambio te puede impedir seguir adelante. Ese miedo sabotea todo intento de progreso que quieras comenzar.

Imagínate una pareja que anhela mejorar su vínculo pero ninguno de los dos pretenda cambiar porque tienen dudas o miedos de que el otro no cambie.

Imagínate una persona que desee mejorar en el área laboral de su vida pero teme cambiar y asumir nuevas responsabilidades.

El temor al cambio es un **obstáculo tremendo** a la hora de proponerte mejorar en alguna área de tu vida.

Nosotros muchas veces tuvimos miedos de cambiar, tal vez igual que vos, en algún aspecto de nuestra vida.

Ese temor no nos dejaba crecer. Al vencer esos temores nos liberamos, y pudimos hacer lo que deseamos profundamente.

La espiritualidad madura te lleva hacia la liberación del alma, y con ella, a perder todo tipo de miedos.

Las fobias o miedos enfermos no son compatibles con una espiritualidad madura.

Por eso si por ahora sufres de alguna fobia no te preocupes, porque a medida que crezcas en el espacio interior, poco a poco irás notando que las fobias desaparecen.

La psicología como medio de crecimiento espiritual...

La psicología o el desarrollo personal puede ayudarte al desarrollo espiritual; y el crecimiento espiritual puede ayudarte a la sanación psicológica.

Por lo tanto, es hermoso proponerte un estilo de trabajo interior que tome en cuenta la integridad del hombre.

Desde el Campo de Concentración...

Un destacado Psicólogo, Víctor Frankl, estudió estas ideas con profundidad y diseñó un modelo de psicoterapia basado en estos supuestos. Así nace la **Logoterapia**.

Su libro más conocido se titula "Hombre en búsqueda de sentido".

Su experiencia personal lo sitúa en el campo de concentración en la Alemania nazi.

Allí observó cómo un porcentaje de los detenidos lograba sobrevivir más allá de su estado físico, inhumanamente castigado.

Comenzó a estudiar detenidamente a este grupo de individuos e intentó encontrar qué tenían en común, qué era lo que los ayudaba a superar esa realidad aterradora.

Todos ellos habían encontrado un sentido a sus vidas, y tenían un objetivo que los situaba más allá del campo de concentración.

El mismo Frankl deseaba sobrevivir para poder escribir más sobre los descubrimientos que había hecho con aquella experiencia. Este deseo era su "**sentido**", sentido que lo lanzaba hacia el **futuro** más allá de las dificultades que se presentaban en ese **presente**.

Es decir, que ese porcentaje de individuos podía **tocar el futuro con su imaginación**. Esa imagen del "futuro" los ayudó a luchar para realizar aquello que querían alcanzar.

Para algunos esa imagen futura tenía que ver con la esperanza de encontrar a su familia con vida.

Otros tenían el objetivo de realizar algún deseo inconcluso al salir de allí.

Otros simplemente buscaban salir de allí para informar al mundo lo que había sucedido. De esta forma buscaban que esa experiencia aterradora no volviera a repetirse.

Es decir, cada uno mantenía objetivos y deseos diferentes. Esos objetivos los ayudaban a atravesar el presente e imaginar un futuro con un "sentido".

Es que **cada uno** tenía una **misión**, un **sentido** por el cual **vivir**.

Muchas veces luchas por encontrar un método de sanación psicológica, pero... ¿esta lucha tiene sentido en un aspecto más amplio de tu vida?

Es muy difícil encontrar los **cómo** de tu vida, si no exploras primero los **para qué**.

Hoy la propuesta sería invitarte a preguntarte sobre el sentido de tu vida. Ir más allá de tu realidad cotidiana. **Autodistanciarte** por unos minutos de tus circunstancias habituales para tener una visión más amplia de los rumbos que tomas a diario.

Para vos y para nosotros, no es fácil encontrar el sentido de la vida, pero bien vale la pena intentarlo.

Sentido y misión...

Una **espiritualidad sana** te puede ayudar a encontrar ese sentido de vida.

Cada uno de nosotros tiene un **don** para ofrecer al mundo. Y es responsabilidad personal uno ponerlo al servicio (para que esa misión nos haga levantar las narices más allá de las crisis pasajeras cotidianas), y tener la libertad interior necesaria para secundar ese don.

Cuando vives demasiado inmerso en la rutina cotidiana, se pierde perspectiva del sentido de vida.

Luego los **acontecimientos cotidianos** aparentan ser lo **más importante** que te sucede.

Por eso, si alguna área no funciona bien puedes entrar en crisis, y luego pueden aparecer, como consecuencia, los trastornos psicológicos.

Tener una vida interior rica hace que el sentido de vida sea una guía o brújula que te orienta.

Así puedes pasar por el medio de una tormenta pero sabiendo que más allá hay un "Norte" que te espera.

Puedes atravesar crisis pero, si tienes un sentido de vida, sabes que dicha crisis es **transitoria**.

Tal vez te toque atravesar crisis matrimoniales, laborales, económicas, afectivas; pero si tienes rumbos y valores concretos, dictaminados por el sentido de tu vida, podrás intuir hacia dónde quieres caminar.

Nosotros queremos encarar el camino de la sanación psicológica profundizando en lo espiritual.

Nos parece que así estaremos recetando un **antibiótico** que ataca la infección y no solamente un **analgésico** que calma el dolor momentáneamente.

El pasado "oculto" de los síntomas...

Mirar el pasado y tratar de descubrir el "por qué" de las elecciones anteriores es atrayente:

¿Por qué elegiste a la pareja que está a tu lado actualmente?

O de lo contrario, ¿por qué estás sólo?

¿Por qué elegiste tal profesión?

¿Por qué tienes un rol definido en tu familia, como por ejemplo ser tal perfil de hombre o tal perfil de mujer?

¿Por qué sigues ciertos mandatos familiares o sociales?

¿Puedes darte cuenta de cómo influyen en ti algunas creencias culturales o religiosas?

Para contestar estas preguntas te proponemos ir todavía más lejos.

Transformándote en "Buzo"...

Te invitamos a transformarte en un "buzo".

Recorrerás así la aventura de penetrar en el "**misterio**" de las profundidades de tu vida interior.

Introducirte en tu vida interior supone una aventura que aspiramos recorrer juntos desde estas líneas. Travesía que una vez comenzada produce frutos exquisitos y duraderos.

Pero lo que más nos importa es que puedas atravesar este sendero de **crecimiento** de manera **continua**.

Es importante superar los obstáculos presentes pero también es sumamente interesante que orientes tu recorrido hacia un sentido de vida que te ayude a atravesar cualquier tempestad.

Capítulo II

¿El método...?

Una vez introducidas las ideas generales que nos llevan a presentarte este libro, vayamos juntos a encuadrar el **método** que te guiará a lo largo de este proceso de crecimiento interior y de sanación psicológica.

Todo aprendizaje tiene un método. Hay diferentes formas de ayudar a las personas a conocerse y a reconocer lo que les sucede en su interior

Los métodos más vulgares, propuestos por revistas de distribución masiva, son cuestionarios que, una vez contestados, te sugieren qué tipo de personalidad tienes o cómo es tu carácter, con quiénes deberías llevarte mejor en tus relaciones humanas, con quiénes seguramente deberías llevarte mal de acuerdo a tu personalidad o temperamento, y otros tantos consejos.

Algunos de estos cuestionarios te pueden ayudar a conocerte mejor pero generalmente suponen que alguien de afuera (el que hizo el test) te diga cómo eres.

Este supuesto te puede llevar a **delegar la responsabilidad** del conocimiento propio en alguien ajeno a vos mismo que te dirá cómo eres luego de responder a varias preguntas.

Algunos test actualmente son por computadora. ¡Pareciera que una computadora, luego de contestar algunas preguntas, sabe más sobre ti que vos mismo!

Si bien dichos métodos pueden o no ser favorables, y sin intentar ofender a nadie, quisiéramos agregar que hay otros métodos que pudieran estar más de acuerdo con nuestros criterios.

Creemos que eres tú mismo el que más puede conocer tu interior si tienes un buen **método**; de esta manera, con un buen **acompañamiento**, podrás ir descubriendo aspectos de tu personalidad que estaban velados.

Esta forma de ir conociéndote te dará mayor **responsabilidad** en el proceso cognoscitivo (de conocimiento) y también te otorgará mayores libertades, debido a que la fuente del conocimiento se sitúa en tu interior y no en algo (cuestionarios) o alguien exterior.

Cuando quieres conocer más sobre algún objeto, hay que detenerse y estudiar sobre el tema.

Si quieres conocerte más, entonces tendrás que **detenerte** y estudiar sobre el asunto.

Si pretendes sanar heridas del pasado o resolver problemas psicológicos presentes, entonces sería conveniente que primero conocieras o estudiaras más sobre tus estados de ánimo, sobre tu forma de relacionarte con la gente, sobre la manera de establecer vínculos en la familia o en el trabajo.

> Podrías delegar la responsabilidad del conocimiento propio en "alguien" que te dijera cómo eres, pero esta estrategia no te dará tan buenos frutos como detenerte y estudiarte a ti mismo.

En vista de lo dicho anteriormente, ¿cuál será el método que te proponemos?

Vayamos a la propuesta concreta:

1. Diseñar un **tiempo** en la vida para detenerte y comenzar a conocerte a ti mismo.

Es decir tener algunos minutos al día para focalizar en lo que vayas practicando.

2. Tener un **método** para ir sabiendo qué observar durante ese tiempo.

Sin un método concreto, ¡¡¡esos minutos podrían transformarse en una pérdida de tiempo!!!

3. Tener **puntos de referencia** para evaluar, de vez en cuando, el avance respecto del conocimiento de ti mismo.

Si no puedes evaluar cómo vas, te pudiera llegar a suceder que no te des cuenta que estas retrocediendo o empeorando.

4. Elaborar alguna forma de **valoración** para discernir los frutos que deja ese autoconocimiento.

Saber que vas avanzando te alentará a perseverar y a seguir adelante.

5. Buscar **referentes** para poder evaluar con aquellos que te pueden ayudar en este caminar.

Referentes que sean testimonio de vida de aquello que quieras alcanzar.

Verás que la propuesta es muy sencilla.

Mucho entusiasmo, pero...

Hay muchos métodos y propuestas que a diario llenan medios de comunicación masivos.

Te entusiasman, los pones en práctica y luego de algún tiempo... ¡te olvidas del método!

Hay veces que ese entusiasmo te dura sólo algunas horas.

Por eso, sabemos muy bien que esta propuesta puede entusiasmar a varios pero luego **serán pocos** los que perseveren en la práctica.

La experiencia de acompañar a muchos en su proceso de crecimiento interior nos lleva a notar que ¡la perseverancia es dificilísima!

Por eso querido amigo intenta perseverar.

Parece difícil al principio pero luego la perseverancia se transformará en hábito, y luego ese hábito te llevará solito a donde realmente quieres llegar que es a la felicidad plena.

Pero, ¿cuál es el método? :

Primero: hay que diseñar un **Espacio** y un **Tiempo**.

Tendrás que buscar un espacio y un momento del día.

Un **espacio** en tu casa, oficina, parque, u otro lugar en donde te sientas cómodo y en intimidad, sin tantas interrupciones.

Un **tiempo** donde descubrirte en intimidad, para bucear en la vida interior encontrándote contigo mismo.

Este tiempo tiene diferentes acentos.

Algunas personas lo llaman "meditación", otros con experiencias más religiosas lo llaman "oración", otros "contemplación".

La propuesta es comenzar a tener no menos de **15 a 20 minutos diarios**.

Tal vez no creas que este método te pueda ayudar.

No sabemos si alguna vez te acercaste a la posibilidad de comenzar un proceso terapéutico.

La mayoría de las personas cuando se acercan a una consulta terapéutica llegan con algunas expectativas sobre lo que les propondrán como forma o método terapéutico.

Nosotros te proponemos el camino de la intimidad diaria como método terapéutico.

A algunos les gustará más que a otros este método, y **es aquí** donde pueden estar las **primeras resistencias** u obstáculos en el camino.

¡Los primeros obstáculos...!

Si no has tenido vida interior, comenzar a practicar un método como éste, puede presentarte algunas molestias al principio.

Colocar la **"sabiduría"** en un "otro" (sea un terapeuta, o un chamán, o un gurú) es siempre una posibilidad latente en todo aquel que tiene intenciones de conocerse a sí mismo.

Pero esta disposición puede llegar a colocarte en la situación de no asumir la responsabilidad de situar la sabiduría en tu propio interior.

Esperar encontrar en el **"otro"** la solución de tus problemas personales es una tentación que siempre rondará.

Ese "otro" te puede ayudar con algún método a descubrir tu interioridad, pero nunca podrá "saber" más que vos sobre cómo eres.

La cuestión se complica más cuando aparece alguna persona que se coloca en el lugar del **"Saber"**. Este lugar está emparentado con el lugar del **"Poder"**.

Por eso colocar en el lugar del "saber" a alguien, es otorgarle poder sobre vos mismo. Luego es fácil caer en un posicionamiento de **"esclavitud"** respecto de esta persona.

Muchos tienen un vínculo tóxico y adictivo con su terapeuta, con su director o acompañante espiritual, porque lo colocan en un rol de poder que luego les juega en contra de su libertad interior.

Por eso nosotros queremos colocar el "poder" donde siempre debe estar, es decir en **tu interior**.

¿Psicología y espiritualidad juntas?...

Aquí queremos plantearte un gran desafío. Habrás notado que nosotros unimos el aspecto psicológico y también el aspecto espiritual.

A muchos se les dificulta unir estos dos aspectos.

Algunos buscan posiblemente tener un método más **"psicológico"** para la sanación del "área psicológica" y un método **"espiritual"** para crecer en este aspecto.

Un paciente una vez nos comentó que en el área espiritual estaba muy bien y que ese plano lo tenía cubierto con el Sacerdote de su Parroquia o con el Pastor de su Iglesia, y que al consultorio venía a trabajar sólo lo psicológico porque se sentía mal con su estado de ánimo y en la relación con su familia.

Detrás de este comentario se puede intuir que la persona suponía que podía separar estos dos niveles.

Nosotros nos preguntamos:

> ¿Es posible estar bien en lo espiritual y al mismo tiempo estar mal en los estados de ánimo y en la relación con las personas que nos rodean?

Nosotros creemos que:

> Si uno está "bien" y creciendo en lo espiritual, también debería estar bien con la sanación de los aspectos psicológicos.

¡¡¡Cuántos problemas nos trajo esta frase!!!...

No sabes cuántos problemas puede acarrear esta frase que acabamos de decirte.

Por un lado hay **psicólogos** que no quieren saber nada con el aspecto espiritual de las personas.

Esto es así por el desconocimiento que se tiene sobre lo espiritual o simplemente porque algunos psicólogos no creen que exista un nivel espiritual en las personas. Ellos sostienen que hay sólo dos niveles, lo corporal y lo psicológico.

Otros psicólogos, si bien creen que hay un aspecto espiritual, prefieren no ahondar en el tema y por lo tanto "derivan" la situación al sacerdote o al pastor sin poder siquiera articular con el sacerdote alguna estrategia terapéutica.

Muchas veces, el psicólogo le propone algo al paciente y el sacerdote, o el pastor, o el líder religioso le propone un objetivo diametralmente opuesto y esto causa mayores confusiones a la pobre persona.

Por otro lado, hay **líderes religiosos** que creen que los dos niveles (psicológico y espiritual) se logran dividir fácilmente y por lo tanto los religiosos quieren encargarse de lo espiritual y "derivan" los aspectos problemáticos del nivel de la psicología para que sea atendida por los psicólogos, pero también sin articular con ellos algún que otro objetivo.

¡Algunos sacerdotes o pastores temen que el psicólogo se meta con lo espiritual...!

Obviamente este temor está frecuentemente bien fundado porque al involucrarse un terapeuta con el aspecto espiritual puede hacer algún que otro lío, pero aquí la idea es aprender a articular.

Hay otros sacerdotes y pastores que directamente **desconfían** de los psicólogos y no creen que puedan ayudar en algo a sus "ovejas", por lo cual aconsejan a las personas otros métodos de crecimiento o de sanación.

Hay otros psicólogos que directamente **desconfían** de los sacerdotes y pastores y no creen que puedan ayudar en algo a sus "pacientes", por lo cual aconsejan a las personas otros métodos de crecimiento o de sanación.

Cada una de las posturas descriptas anteriormente es respetable, y entendemos los temores de unos y de otros.

Lamentablemente hay experiencias de malos acompañamientos de algunos psicólogos, o de líderes religiosos, que sin saber sobre espiritualidad o sobre psicología se han metido en terrenos desconocidos causando daños, y que, como consecuencias de sus errores, han logrado que los sacerdotes, pastores o psicólogos desconfíen unos de otros.

¡Pero fíjate en el lío que nos metemos ahora!

¡El **inconveniente** es que la metodología que te proponemos, une los dos saberes, espiritualidad y psicología!

¡¡¡Por eso hemos recibido lindas críticas de unos y de otros!!!

Para comprender y acompañar este proceso de crecimiento, con la metodología que proponemos, deberás meterte a conocer de psicología y también de espiritualidad.

Este método, por lo tanto, dejará a un lado a varias personas que tienen expectativas diferentes sobre cómo deberían sanarse y a otras que tienen expectativas diferentes en cómo habría que acompañar a las personas en sus procesos de crecimiento espiritual y en la sanación psicológica.

Pero vos, que ¡por ahora! te decidiste a seguir este método... ¿tienes dudas y resistencias?

Un ejemplo que ilustra las resistencias...

Aquí va una historia que describe claramente este momento del proceso terapéutico y de crecimiento, y los obstáculos que se te pueden presentar...

Había en la antigüedad un gran Profeta llamado **Eliseo**.

Era conocido por su sabiduría y también porque había realizado curaciones y signos que hablaban de una gran amistad e intimidad con Dios. Se lo llamaba "**Hombre de Dios**".

Vivía también lejos de allí un hombre notable, Jefe del Ejército de un Rey extranjero. El hombre se llamaba **Naamán**. Era un hombre estimado por el pueblo, pero que sufría de una enfermedad llamada **lepra**. Era una enfermedad peligrosa e infecciosa para la época.

A través de una criada, que trabajaba para su mujer, se enteró de que en otro país había un gran profeta que podía curarlo.

Naamán decidió pedirle permiso a su Rey para emprender el viaje y llevó consigo gran cantidad de regalos para entregar al profeta.

Luego de un largo recorrido llegó a las cercanías de la casa de Eliseo y he aquí cómo continúa el relato...

"Naamán llegó con sus caballos y carros y se detuvo en la entrada de la casa de Eliseo.

Éste envió un mensajero a decirle: < Ve y lávate siete veces en el Jordán. Tu carne te renacerá y quedarás limpio >.

Naamán se puso furioso y se marchó diciendo:<Yo me había dicho: ¡saldrá seguramente a mi encuentro, se detendrá, invocará el nombre de su Dios, frotará con su mano mi parte enferma y sanaré de la lepra! El Abaná y el Farfar, los ríos de Damasco, ¿no son mejores que todas las aguas de Israel? ¡Podría bañarme en ellos y quedar limpio! >
Se dio vuelta y se marchó **furioso**.

Sus servidores se le acercaron y le dijeron: < Padre mío, si el profeta te hubiera mandado una **cosa difícil** ¿no la habrías hecho? ¡Cuánto más si te ha dicho: Lávate y quedarás limpio! >

Bajó, pues, y se bañó en el Jordán siete veces, conforme a la palabra del hombre de Dios.

Su carne volvió a ser como la de un niño pequeño, y quedó limpio".
(Libro Segundo de los Reyes 5, 1-19)

Luego Naamán reconoció la fuerza del Dios de Eliseo, y se volvió a sus tierras.

Tal vez en alguna medida vos tengas la misma actitud que Naamán cuando el método no coincide con las expectativas que traías.

Tal vez esperas métodos complicados, otras veces esperas algo más sencillo.

Pero... ¿quién sabe a ciencia cierta qué esperar de un proceso de sanación cuando recurre a pedir ayuda?

Si te decides a seguir adelante más allá de las dudas entonces te damos...

¡Garantía absoluta...!

Y es aquí donde podemos presentar nuestra **mayor riqueza**.

Los Sabios que siguieron un camino de intimidad o de oración profunda en sus vidas, experimentaron el crecimiento y la sanación en sus vidas.

Es un **método probado** en la **historia** de muchas personas, **fecundado** por personas que dieron sus vidas por crecer en este sentido.

Sabios de hoy y de ayer que llenarían estas páginas con sus **testimonios de vida**, y que ¡garantizan este método!

Y no hay un sólo testimonio de alguien que haya perseverado en los espacios de intimidad cotidiana, con un buen acompañamiento o dirección psicológica y espiritual, y que no haya tenido un **gigantesco** crecimiento espiritual acompañado de una profunda sanación psicológica.

¿Cómo es este método...?

Cuando hablamos de "intimidad cotidiana" hacemos referencia a un momento del día con ciertas características.

Para ti, que ahora sí aceptas el desafío de comenzar este camino, aquí va la primera tarea:

✓ ¡Tener 15 minutos diarios de espacio íntimo!

¿Cómo, cuándo, dónde... en qué consiste este espacio...?

Hay diferentes formas de estar a solas con vos mismo, y no todas esas formas producen buenos frutos.

Es más, muchas personas temen estar a solas porque sienten demasiado la soledad.

La **soledad**, o mejor dicho la percepción de sentirse solo, es una enemiga peligrosísima del crecimiento interior.

Esperamos que este método que te proponemos posiblemente te deje como fruto la sanación de esta sensibilidad tan temida.

Dicho método ha tomado múltiples nombres a lo largo de la historia y también diferentes perfiles: meditación, oración mental, contemplación, silencio.

Nosotros lo llamaremos "**espacio de intimidad**".

Elegir este espacio de intimidad como punto de partida, no es una idea inoportuna porque, como veras luego, este tipo de espacio te mete de lleno en un plan de crecimiento.

¿Cómo te darás cuenta si vas avanzando?

Para saber si creces en la vida psicológica y espiritual, requerirás disponer de alguna forma de evaluación o medición.

Difícilmente podrías evaluar el avance si no tuvieras mojones en el camino que te señalaran los progresos.

Dentro de ese espacio de intimidad tendrás pautas para medir el progreso que vayas dando.

A estas pautas las englobaremos en etapas llamadas **"grados"**.

Hay **nueve** "grados" o "niveles" en este caminar. Son como los niveles de una **escuela** de formación.

Luego veremos de qué se tratan estos grados.

"Todo muy interesante lo que dicen ustedes Inés y Víctor (Toio), pero ¿qué hago durante esos minutos de intimidad?", te estarás preguntando...

Vayamos entonces a la descripción de los puntos más importantes sobre qué hacer durante estos minutos dentro del espacio íntimo. Luego nos meteremos en la "Escuela"...

1. Disposición interior:

Cada vez que te preparas para viajar durante unas vacaciones, las expectativas sobre el viaje crecen en la medida que te entusiasmas con el itinerario.

¿Te ha pasado alguna vez ilusionarte con un viaje soñado desde varios días antes de comenzar la ruta?

Lo mismo es bueno que te suceda cuando te preparas para este espacio y momento de intimidad.

Deja de lado por un tiempo las tareas habituales, para bucear en tu interior.

La disposición interior es fundamental para prepararte ante este momento importante.

Por lo tanto, sugerimos que estimules tu esperanza y perseveres en la búsqueda de aquello que te llevará hacia la plenitud.

Presentarte ante este espacio de intimidad con **muchas expectativas** puede llegar a ser muy saludable.

Para algunas espiritualidades "**desear**" algo es peligroso o nocivo porque, si el deseo no se concretiza, entonces surge la frustración, y dicha frustración es la causa de múltiples tristezas o depresiones.

Nosotros tomamos distancia de esta idea y creemos que "desear" algo es sinónimo de "esperanza", y dicha esperanza es fuente inagotable de fortalezas para superar obstáculos cotidianos.

Luego tendrás que no depender de, no esclavizarte a los deseos para ser feliz, o tendrás que ordenar los deseos "desordenados" para que te ayuden a lograr los fines más encumbrados de tu vida.

Pero el deseo es sin dudas un motor que te llevará como locomotora a un nuevo nivel de plenitud.

2. Disposición física y mental:

Meditar con los ojos abiertos es prácticamente imposible.

Por eso es recomendable mantener los ojos cerrados para comenzar a vivir más lo interior que lo exterior, pero sin forzar los párpados.

Si eres muy ansioso esto te será sumamente difícil, porque querrás tener todo bajo tu control. Para los ansiosos, una forma de intentar controlar las situaciones es tener los ojos "bien abiertos". La ansiedad se manifiesta muchas veces como "hipervigilancia".

Cerrar los ojos significa aprender a **abandonarte**, y esto ya es **terapéutico** si eres ansioso.

Actualmente hay muchos psicólogos que recomiendan hacer un curso de relajación **Yoga** a sus pacientes cuando se enfrentan con síntomas de ansiedad. Eso está buenísimo.

Realmente los métodos de relajación ayudan muchísimo para los problemas de ansiedad o de nerviosismo.

La **postura física** es también importante para que puedas estar un buen tiempo sin tensiones musculares.

En el Yoga se enseñan frecuentemente algunas posturas interesantes, pero habrá que adaptarlas a cada individuo.

De hecho, en lo personal notamos que hay posturas que deben ser comodísimas para los Hindúes ¡¡¡pero nuestra columna vertebral pareciera haber estado fabricada en otro país!!!.

Fuera de broma, fuimos dándonos cuenta de que la postura personal es sumamente original en cada persona.

A algunos les resulta beneficioso estar sentados, a otros arrodillados; a otros, acostados boca arriba con los brazos extendidos hacia los costados; a otros, acostados boca abajo con las manos en la frente, y otras tantas posturas bien originales.

Te alentamos a que encuentres la postura que mejor se adapte a tus necesidades físicas.

La **respiración** también es una herramienta fundamental que te puede ayudar a lograr un estado de relajación tal que te facilite comenzar con una óptima disposición física.

La respiración puede ser acompañada por frases cortas que ayudan a generar un clima de paz y unción.

Hay un libro maravilloso que se llama "**la oración del peregrino ruso**" que describe una historia de un personaje que intenta buscar la quietud interior, y como consejo de un sabio se propone repetir con la respiración durante todo el día frases o palabras como: "Paz" o para los creyentes "Jesús en Vos confío".

3. Disposición imaginaria:

Una forma de meditación es la de discurrir ideas sobre un pasaje de algún libro de sabiduría.

"**Discurrir**" significa pasar de una idea a otra que tenga que ver con lo focalizado en ese momento.

A este discurrir algunos le llaman "**meditación**".

Hay libros con frases de personas sabias que pueden ayudarte muchísimo para inspirar este momento de intimidad personal.

Hay también libros de mística oriental u occidental que también son excelentes, como por ejemplo: "Siddaharta", "Autobiografía de un Yogui", u otros tantos interesantísimos.

Actualmente hay libros sobre cuentos metafóricos que dejan profundas enseñanzas y valores para nuestra vida, por ejemplo los libros de Pablo Coelho o de Mamerto Menapace.

A causa de la fe que compartimos Inés y yo, nos agrada recomendarte **la Biblia** porque tiene un contenido fascinante sobre la vida interior a lo que se suma una narración de episodios de la vida de los personajes, que podrían compararse con los acontecimientos que te suceden a diario en diferentes épocas de tu vida.

En la Biblia se unen ideas conceptuales junto a episodios o circunstancias concretas.

Este tipo de narración es muy adecuado para involucrarte con el texto e identificarte con los personajes o con las historias que atraviesan la vida de dichos personajes.

Si leyeras otros libros con ideas puramente conceptuales podrías quedar sólo en una meditación intelectiva sin experimentar como propias las circunstancias que acontecen en la narración.

Dentro de la psicología, el "Psicodrama" es una propuesta terapéutica experiencial muy rica y profunda. Con el Psicodrama se busca atravesar experiencias emocionales correctivas, escenificando circunstancias sobre diferentes momentos de la vida, e intentado involucrarse en dichas escenas, identificándose con los diferentes personajes y roles.

Los judíos antiguos sumaban a la meditación un componente muy rico al que lo llamaban la **"Shejináh"**, es decir la **"Presencia"** de Dios, que todo lo envuelve.

La experiencia de Dios comienza cuando una persona nota la "presencia".

Puedes leer un texto de la Biblia e imaginarte la escena lo más vívidamente posible, los lugares, colores, aromas y personajes del relato.

Te puedes identificar con algún personaje del texto y tal vez reproducir alguno de los gestos que el texto adjudica a esos personajes.

Volvemos a recomendarte permanecer con los ojos bien cerrados para vivir más lo interior.

4. Disposición a crecer:

Para vos, que intentas tener un estilo de vida que supone cierta búsqueda interior, hay muchísimas formas de meditación que te pueden ayudar.

Las religiones orientales tienen múltiples recetas de meditación que ayudan a la autotrascendencia.

Los Yoguis, por ejemplo, siempre han dado buen ejemplo de ello.

El famoso Yogui Yogananda, con su libro: "Autobiografía de un Yogui", es realmente disparador de entusiasmo para penetrar en los misterios de la vida interior.

En la Iglesia Católica tradicionalmente se le llamó la "**Lectio Divina**" a este método en el cual se medita sobre un texto bíblico durante un tiempo y luego se contempla lo leído.

Hay muchísimos libros que explican la metodología de la Lectio.

Todas estas formas o métodos de meditación son muy buenos y ayudarán a comenzar a bucear en tus tesoros internos.

Nosotros transitamos un recorrido que nos llevó desde la búsqueda de lo trascendente de la mística oriental (en un inicio de nuestro itinerario espiritual), hacia la belleza más absoluta que nos brindó la mística católica a través de grandes maestros como Santa Teresa de Ávila o San Juan de la Cruz.

Ese **itinerario espiritual** transcurrió a lo largo de varios años.

Hoy nos paramos desde la espiritualidad carmelitana, de estos últimos dos ¡santazos!, para compartirte también todo aquello que aprendimos en ese recorrido y que te puede ayudar a dar pasos en tu vida cotidiana.

Por eso, si bien nuestra búsqueda espiritual nos hizo atravesar diferentes etapas o escalones, no despreciamos los primeros peldaños sino que los asumimos como fundamentales para dar los pasos necesarios para crecer.

Hay otras personas que cuando descubren algo mejor desprecian los pasos previos. A nosotros nos gusta rescatar aquellos tesoros que descubrimos en las primeras marchas.

Pero ¿cómo te vas a dar cuenta si lo que te proponemos te puede o no ayudar?

¿Cómo medir el crecimiento...?

Para medir algún objeto hay que tener un criterio de "medición".

Para saber cuánto mide una mesa hay que compararla con un "patrón" de medida como por ejemplo un metro, un centímetro, un pie (medida inglesa) o una pulgada.

Para lograr medir el crecimiento en lo espiritual o en lo psicológico, también tendremos que comparar con algún referente que nos ayude a evaluar si hubo avances.

Nosotros iremos midiendo ese crecimiento de manera muy clara a través de los diferentes **grados** que luego te presentaremos.

Verás entonces cómo, a medida que avances en los grados, también irás creciendo en lo psicológico y en lo espiritual paralelamente.

Pero por ahora volvamos a la **metodología**...

Para comenzar a adquirir un hábito de meditación es bueno elegir la **misma hora** todos los días.

Los hábitos te ayudan a perseverar más allá de las resistencias diarias y a continuar, con o sin "**ganas**", con lo que te hace bien.

Así como un vicio te hace perseverar en los malos hábitos, es bueno que cultives los buenos hábitos, aunque al principio sea un poco mecánico tu proceder.

Cuando decimos "a la misma hora", estamos haciendo referencia a que sería provechoso fijar un momento del día como por ejemplo por la mañana, al levantarte, o al acostarte.

No estamos queriendo decir una hora exacta sino con cierta flexibilidad.

Es muy importante **no acortar el tiempo**.

Quince minutos es el mínimo aconsejable para luego, más adelante, tal vez, poder aumentarlo.

Por ahora tampoco te conviene estar muchos minutos por sobre lo estipulado, para no agotarte antes de comenzar a instalar el hábito de este espacio de intimidad en tu vida.

¡¡¡Es increíble lo que vas a sanar interiormente si le proporcionas a tu ser lo que es buen alimento!!!

Apuntes...

Al finalizar este tiempo es buenísimo que realices una evaluación por escrito de lo vivido en ese rato de intimidad.

Es muy bueno comenzar a tener apuntes psicológicos y espirituales que vayan marcando las ideas más fuertes que surgen durante este espacio.

5. Disposición a la armonización interior:

Imagínate que tienes unas expectativas maravillosas sobre lo que puede llegar a suceder durante el momento de intimidad.

Imagínate que elegiste un lugar hermoso, estás cómodo, te concentras en la respiración y en la postura física.

Imagínate que luego comienzas a escenificar un pasaje bíblico e intentas identificarte con los personajes.

Y de repente, ¡pafff!, comienzas a pensar en la cuenta de teléfono que no pagaste, o en la mala relación que tienes con tu jefe, o en el examen que tendrás la próxima semana en la facultad, o en la conflictiva obvia que tienes con tu suegra.

Al llegar a este punto podrías decir: "estoy muy distraído, mejor me levanto y me voy a hacer otra cosa, y cuando pueda realmente concentrarme entonces volveré a intentarlo..."

El estar distraído no debería ser una razón para abandonar ese momento.

A la imaginación que vaga por la cabeza, Santa Teresa de Ávila la llamaba **"la loca de la casa"**.

Pero entonces ¿qué hago con las distracciones que me invaden durante ese momento de intimidad? Te preguntarás...

Si durante la oración tienes imágenes distractivas, de cualquier índole,¡¡ puedes usarlas para entrenarte!!!

¡¡¡¿Entrenarme?!!!

Si logras permanecer, más allá de que la "loca de la casa" haga de las suyas, entonces podrás lograr en el futuro permanecer más allá de cualquier cosa que intente apartarte de tus objetivos.

La oración o meditación es una radiografía de tu vida personal. Si puedes quedarte en oración por sobre cualquier tipo de distracción, también podrás seguir creciendo en cualquier empresa que emprendas.

¿Te resulta interesante? Intentémoslo y luego continuemos.

Busca ahora mismo un lugar de la casa en donde puedas recogerte interiormente.

¡¡¡Conocemos personas que se meten dentro del baño!!!, porque en la casa, al vivir con una familia numerosa, no hay otro lugar donde estar solos.

Otros eligen su dormitorio, otros el patio o jardín.

¿Lo encontraste?

Ahora te invitamos, antes de comenzar, a acomodarte.

Después busca alguna lectura que te ayude para profundizar este momento.

Algunas personas tienen una agenda bíblica que les marca las lecturas diarias. Entonces buscan las lecturas de acuerdo al día.

Otros abren al azar sus Biblias y meditan la lectura que les tocó.

Esta opción pudiera llegar a ser imprudente si no tienes un poco de formación detrás que te ayude a discernir si la interpretación que le das a la lectura es o no apropiada.

Saber sobre contextos culturales y de época es importante para discernir lo que fue escrito miles de años atrás.

De cualquier manera, para muchos, con la prudencia que el caso amerita, es muy rico ir abriendo la Biblia en diferentes pasajes o también ir siguiendo las lecturas diarias.

Volvamos a lo nuestro...

¿Ya encontraste una lectura para este momento?

Si la respuesta es afirmativa, ¡felicitaciones! Si todavía no la encontraste, tómate tiempo para buscarla.

Una vez encontrada la lectura...

Busca una posición que no sea tan cómoda que te quedes dormido, ¡ni tan incómoda que te distraigan los dolores de los huesos! (¿te acuerdas del Hindú?).

Ahora intenta lentificar tu respiración buscando relajarte.

Puedes tantear alguna frase reiterativa que te ayude, por ejemplo: "Paz..." o "Jesús, en Vos confío...". A esto los orientales le llaman "mantra".

Luego te recomendamos imaginarte el pasaje Bíblico como si estuvieras allí. Imagínate el lugar, las vestimentas, los colores, los olores, los diálogos.

Hagamos juntos el intento, ¿te parece?

Comencemos con una oración. Tú puedes hacerla como más te guste.

Cierra el libro por unos minutos y enfréntate a tu interior y a tu Creador por al menos 15 minutos.

Después de tu oración nos volvemos a encontrar.

¡¡¡Bienvenido nuevamente!!!

Intentemos ahora realizar un pequeño discernimiento sobre cómo viviste este momento.

Una manera formidable de discernir es anotar en tu diario espiritual los frutos que dejaron estos 15 minutos.

Evaluación...

Hay personas que dicen:
Ahora tengo más paz, o más seguridad, o más alegría.

A otros les cuesta más encontrar los frutos porque todavía, al no tener la práctica suficiente, no tienen el "paladar" para gustar esos pequeños cambios interiores.

Pequeños cambios interiores día a día producen grandes cambios a futuro.

¿Qué te pareció el ejercicio?

Es bastante sencillo ¿verdad?, y con el tiempo se hace cada vez más natural y cada vez más maravilloso.

Si aceptas el desafío de bucear en tu interior, hacia el encuentro con Dios, lo demás es añadidura...

Capítulo III

Elección de Referentes...

Hay muchos maestros de psicología y de espiritualidad pero, a nuestro parecer, las **personas** que han **dedicado** su **vida** a la **oración** tienen consejos válidos para todo aquel que quiera intentar esta aventura atrapante.

La mejor manera de saber sobre la oración es preguntarle a alguien que cotidianamente sea persona de oración.

¿Religiosas, Sacerdotes, Pastores, líderes religiosos...?

Siempre hay referentes cercanos en las zonas, por ejemplo pueden estar las Hermanas Carmelitas Descalzas, quienes tienen modelos de caminos de oración como los de Santa Teresa de Ávila o San Juan de la Cruz, que escribieron muchísimo sobre el crecimiento espiritual por medio de la oración.

Nosotros, en este libro, utilizaremos muchas de sus enseñanzas.

Cualquier persona puede ir hasta un convento carmelitano y entrevistarse con ellas.

¿Dinos si no tienes un poco de intriga de saber cómo viven las religiosas de un convento?

Tal vez la curiosidad te haga ir a visitar algún convento y entrevistarte con alguna hermana. Tal experiencia es maravillosa y seguramente que volverás con muchos frutos espirituales.

Solamente con "respirar" el aire de paz que se vive en los monasterios y conventos te ayudará a entusiasmarte en el camino de profundidad interior.

También hay sacerdotes de la Compañía de Jesús (Jesuitas) o de algunas otras congregaciones de sacerdotes que se dedican a dar los Ejercicios Espirituales de San Ignacio de Loyola.

Ellos pueden enseñarte el arte del "discernimiento" como lo aprendieron de su maestro espiritual San Ignacio de Loyola.

San Ignacio, por la gracia de Dios, tuvo el carisma y don personal de aprender los movimientos interiores del alma y percibir cuáles eran las fuentes de los mismos.

Toda su vida fue un "**laboratorio**" espiritual porque a través de sus propias experiencias personales, y las de sus discípulos, fue aprendiendo sobre los más mínimos movimientos interiores.
Tal tarea lo llevó a convertirse en maestro de discernimiento para la Iglesia.

Hay también monasterios de monjes trapenses en diferentes lugares.
Puedes ir hasta allí y alojarte por un fin de semana.
Los mismos monjes se encargarán de acompañarte espiritualmente durante esos días y de marcarte algunas ideas para meditar.

En dichos lugares se encargan de darte una habitación, hacerte la comida, etc.
Por lo cual no necesitas llevar más que tus efectos personales.

Te contamos estas cosas para que pierdas el temor de ir a un lugar así y te atrevas a experimentar situaciones nuevas en tu vida.

¿Laicos...?

También los Laicos experimentados en el camino espiritual pueden acompañarte muy bien.

Algunos de ellos, formados en diferentes escuelas de espiritualidad, pueden ayudarte a ir descubriendo la trama de la vida interior y a saber interpretar las etapas en las que te encuentras para poder seguir dando pasos en el crecimiento espiritual y en la sanación psicológica.

De hecho, el discernimiento de espíritus, que propone y enseña San Ignacio, no sólo está destinado a sacerdotes y religiosos, sino que es accesible a todo aquel que quiera ejercitarlo.

El Licenciado en Psicología Horacio Muñoz Larreta (hermano de Víctor Toio), junto con el Padre Randle S.J., han publicado un libro maravilloso sobre este tema del discernimiento: "El discernimiento en la psicoterapia".

Ambos lograron hacer comprensible el discernimiento como herramienta terapéutica y también viable al desarrollo personal cotidiano.

En Argentina hay Comunidades Católicas como, por ejemplo, la Comunidad de Convivencias con Dios, fundada por el Padre Alberto Ibáñez quien escribió en las primeras hojas de este libro.

También el Centro de Espiritualidad Santa María, fundado por Inés Ordoñez, mujer de alto vuelo espiritual.

Ambas comunidades tienen laicos muy bien preparados para el acompañamiento espiritual.

En otros países habrá también otros movimientos muy convenientes para estos objetivos.

¿Psicólogos...?

Hay Psicólogos muy competentes para acompañar en este camino.

Habrá que estar atentos a la formación espiritual del psicólogo porque hay teorías psicológicas que no toman en cuenta lo espiritual, y otras hasta niegan este aspecto o lo reducen a un sistema de creencias. En algunos ambientes de la Psicología, la palabra "espiritualidad" o "religión" no está muy bien vista.

En los últimos años esta situación fue cambiando paulatinamente.

Afortunadamente en la actualidad hay grupos de psicólogos que viven una espiritualidad profunda y han conseguido herramientas clínicas que unen los aspectos psicológicos y espirituales de forma muy eficiente.

La "Logoterapia" es una escuela psicológica que ayuda en este sentido. Por ello hay muchos sacerdotes, religiosos y laicos muy bien formados, que la estudian para poder tener más elementos a la hora de acompañar o dirigir espiritualmente a las personas con herramientas que le aporta esta escuela psicológica fundada por Víctor Frankl.

También hay teorías como la Psicología Sistémica, el Cognitivismo, Psicologías Corporales, Psicodrama, que auxilian muchísimo para resolver problemáticas psicológicas.

Agregándoles a estas teorías elementos de la vida espiritual, se puede hacer una excelente combinación entre psicología y espiritualidad.

En los próximos capítulos te mostraremos cómo lo que enseñaron los grandes maestros de espiritualidad y algunas ideas de la psicología, se pueden juntar para ofrecerte un método de crecimiento en la vida interior y en la sanación psicológica.

Es más, nos atrevemos a afirmarte con certeza que si verdaderamente te determinas a seguir este método ¡no quedarás sin frutos!

A buscar "referentes"...!

En fin, si buscas referentes seguramente habrá suficientes por allí para poder conversar de estas cosas.

El camino de búsqueda de este espacio de intimidad supone varias etapas que te irán llevando a crecer también en el aspecto psicológico.

Cuando comienzas alguna tarea, como la que aquí te proponemos, esperas, tarde o temprano, comenzar a ver los primeros frutos...

Capítulo IV

El camino de la Escuela...

¿Has experimentado la satisfacción de pasar de grado?

Cada vez que pasas de un grado a otro seguramente que te sientes más realizado, y quieres seguir adelante.

Tal vez en algún momento querías imitar a los chicos que eran más grandes que vos, y soñabas con estar donde ellos se encontraban.

Pero ahora te presentaremos una escuela en la que no sólo te será agradable pasar de grado, sino que los modelos que están en los grados superiores serán tu ejemplo de felicidad, paz, gozo interior, y templanza.

Para algunas personas en el camino espiritual no hay grados, y no hace falta saber muy bien en dónde se encuentran.

Es más, algunos creen que es un acto de soberbia intentar saber dónde se encuentran.

Creen que es **humilde** conformarse con el lugar hasta donde llegaron.

Esta idea en la educación formal de un colegio común es perjudicial y, por eso, los sistemas educativos luchan por tratar que el mayor número de personas posible llegue a finalizar los estudios.

¡¡¡Al igual que con la educación formal, esta misma idea de quedarse en mitad del camino en la escuela espiritual es fatal!!!

La escuela espiritual y sus grados no son para establecer comparación en relación al crecimiento, o en la santidad, entre unos y otros, sino para comparar el crecimiento personal con uno mismo, y así poder superarse día a día.

Si estás en algo así como quinto grado del camino espiritual no significa que seas más santo que alguien que está en tercer grado, pero sí significa que has mejorado desde cuando estabas en tercer grado.

Esta imagen de la escuela, como metáfora de crecimiento, sugiere que si no creces, tarde o temprano decrecerás.

Vida o muerte...

Crecer o mejorar es una urgencia interior de la vida misma.

Por eso, quien no presenta una tendencia hacia la vida es porque le falta **vida** interior, y si falta dicha vida, significa que hay indicadores de muerte interior...

Los Psicoanalistas hablan de "**pulsión de muerte**" para describir estos estados interiores autodestructivos.

Miremos el ejemplo de quien repite una y otra vez acciones que lo perjudican, y nunca se decide a buscar ayuda para cambiar.

Hay parejas que se llevan mal durante años y no hacen nada para mejorar la situación.

Hay personas que tienen vicios, adicciones, fobias, y no se cuestionan el cómo salir adelante y sanar.

Hay algunos que van por el ¡quinto matrimonio! y no se preguntan el por qué no pueden durar en la pareja.

Hay otras que tienen ideas recurrentes de suicidio y no tratan de buscar ayuda.

¿Conoces otros ejemplos? ¿Tal vez más personales?

Seguramente que sí. Hay infinidad de individuos que se habitúan a la enfermedad psíquica o espiritual y no tratan de mejorar y seguir adelante, mientras día a día se van autodestruyendo.

¡No querer crecer y mejorar es un signo de muerte!

La **depresión** es algo de esto.

El depresivo cree con certeza sobre un **futuro negativo**, y siente que haga lo que haga, nada podrá cambiar ese futuro tenebroso.

Este tipo de creencias destruye porque, aunque sea totalmente falsa la proposición, actuará como **profecía autocumplidora**.

Hay Profecías autodestructivas que se cumplen...

Esto lo aprendieron los economistas de todo el mundo.

Cuando la gente cree que ocurrirá una situación de inestabilidad en el mercado y que sus depósitos financieros corren riesgos, van rápidamente a sacar su dinero de los bancos.

Como consecuencia de esta conducta, los bancos no pueden devolver todos los depósitos y ante esta inseguridad la gente se apura aún más a intentar extraer el dinero allí atrapado.

Este ejemplo fue lo que sucedió en el año 2001 en Argentina.

Pero miremos un ejemplo cotidiano. Muchas personas están pendientes de los **horóscopos**. ¡Se ven así esclavizados por expectativas que alguien profetizó sobre ellos!

¡Que diferente es la persona muy creyente que vive confiada en Dios! Se libera de estos "Amos" del destino, sabiendo que puede esperar lo que un Padre quiere para sus hijos.

Vivir así es "Vida plena, libre, abundante, y llena de gozo".

Frecuentemente tener expectativas exageradas basadas en horóscopos, adivinaciones, predicciones, puede llegar a esclavizarte porque siempre querrás saber más sobre el futuro incierto.

Lo contrario es vivir en la confianza.
La confianza genera milagros.

Hace poco escuchamos un autor, reconocido en el área del desarrollo personal, que decía que hay que transformarse en un **"paranoico invertido"**, es decir que hay que suponer que todo lo que nos acontece es para nuestro bien.

¡¡¡Que hay una confabulación a favor nuestro de todo el universo!!!
¿Qué pareja dura basándose en las desconfianzas?
¿Qué sociedad subsiste si las expectativas futuras son dudosas?

Las empresas y los países gastan fortunas para tratar de mejorar sus imágenes a futuro.

Intentan generar profecías autocumplidoras que disparen actitudes de confianza en sus clientes o en sus ciudadanos. Profecías contrarias a la autodestrucción.

Tener una visión de futuro con sentido de vida, es lo que puede hacer que cambies una actitud depresiva por una llena de vitalidad.

Esto lo describe muy bien Víctor Frankl en sus libros. El más famoso de ellos es el titulado: **"Hombre en búsqueda de sentido"**.

Transformar tus creencias de muerte en aquellas que te dan vida es un proceso que se va dando a medida que creces en la vida espiritual.

Por eso, ¡este proceso logrará sanarte de muchas depresiones!

¡¡¡Sólo necesitarás seguir en la escuela...!!!

Pero... cuando hablamos de escuela espiritual, ¿qué queremos decir?

La escuela...

La idea de escuela nos sugiere un formato de crecimiento que puede ser **medible**.

Quien está en cuarto grado sabe más que cuando estaba en tercer grado. ¡Por supuesto que hay algunas excepciones!

Otra metáfora similar sería la de escalones o niveles.

En la espiritualidad clásica, desde hace varios siglos, se utilizó la metáfora de los grados de oración para describir el proceso de crecimiento espiritual de unión a Dios.

Nosotros queremos partir desde allí para invitarte a avanzar con objetivos de sanación y crecimiento sugeridos en este libro.

Esto te ayudará a situarte y a ubicarte. Aprenderás a saber dónde te encuentras en la etapa espiritual, y hacia dónde sería conveniente marchar para seguir creciendo.

También tomaremos etapas muy bien descriptas por San Juan de la Cruz en sus maravillosos libros espirituales.

> Crecer en los grados de intimidad o de oración,
> significa sanar y desarrollarte en lo psicológico...

Una cosa va ligada a la otra.

Es **imposible** crecer en lo espiritual sin que eso incluya la concordancia con una maduración en lo psicológico.

Y por supuesto que el discernimiento del crecimiento espiritual pasa por cómo este crecimiento es "bajado" a tu vida cotidiana.

Si creces en lo espiritual, seguramente que cambiarás y mejorarás en los siguientes puntos:

1. La forma en que te relacionas con los demás (vínculos).

2. Estarás menos susceptible, menos pendiente del "qué dirán".

3. Estarás más templado/a en lo emocional (escasos trastornos de la ansiedad, de la alimentación, etc.).

4. Dejarás las fobias o miedos de lado.
5. Crecerás en esperanza (lo opuesto a la depresión).
6. Abandonarás las formas violentas de comunicarte.
7. Otros muchos frutos que vos mismo descubrirás.

Por eso aprender sobre el crecimiento espiritual, a través de los grados de intimidad, es una forma de secundar un camino de desarrollo y sanación para tu vida.

Vida ascética y mística...

En los primeros grados verás que tendrás que hacer un esfuerzo para instalar hábitos saludables en la vida espiritual.

A esta etapa se la llama **vida ascética**.

El asceta era la persona que se iba al desierto para tener una vida austera para vivir con mayor profundidad lo interior.

En los últimos grados, más avanzados, observarás lo que sucede en tu interior sin tanto esfuerzo personal sino gracias a las circunstancias que te fueron sucediendo o, si eres creyente, gracias a la gracia de Dios que cambia todo aquello que no pudiste mejorar con el esfuerzo propio.

A esta etapa se la llama **vida mística**.

Antes de comenzar a describir los diferentes grados, con la intención de que puedas reconocer dónde te encuentras, quisiéramos advertirte algo.

Alguien puede estar en primer grado y ser más santo, sano o sabio que alguien que está en noveno.

La escuela en este sentido es un **camino individual**. Son escaleras hacia la santidad, hacia la sanidad, hacia la sabiduría, escaleras individuales, que no son comparables entre sí.
La metáfora sólo sirve para crecer y dar pasos en lo personal.

Entonces ahora iremos describiendo los diferentes grados, a través de los cuales irás atravesando si te decides realmente a tener unos minutos diarios de oración o de intimidad personal.

Esos quince minutos diarios son un espacio que luego repercutirá en toda tu vida.

Veremos a lo largo de los siguientes capítulos cómo se darán concretamente esas repercusiones.

Hecha la aclaración comienzan las clases...

Capítulo V

¡Primer grado!

La meditación repetitiva...

¿Te animas a meterte en primer grado y comenzar con 15 minutos de intimidad diarios?

En este grado comenzarás el día que decidas crecer seriamente en lo psicológico y en lo espiritual.

Tal vez vos estás ya bien decidido. ¡Felicitaciones por el comienzo!

Como es la iniciación, es frecuente en esta etapa manejarte como los niños que aprenden de los mayores la forma de dirigirse a uno mismo o a Dios.

Comenzarás por aprender el lenguaje de la meditación o de la oración. La mejor manera es repetir o imitar lo que hacen los más crecidos o los que tienen mayor experiencia que vos en estos temas del vínculo con uno mismo o con Dios.

Si haces lo mismo que hacen aquellos que saben del tema, entonces ¡¡¡obtendrás los mismos resultados!!!

Si comienzas con este grado ¿qué puede pasar en tu vida?

A continuación describiremos algunas características fenomenológicas de lo que sucede durante ésta y las siguientes etapas o grados de la escuela.

No es nuestra intención generalizar en estas peculiaridades, sino simplemente darte un bosquejo sobre el perfil de quien se encuentra en esta etapa.

Luego podrás observar en qué aspecto te sientes identificado para poder seguir adelante en tu etapa espiritual.

Muchas de estos detalles son simplemente descriptivos.

Otras veces dependen también de los ambientes de donde provenga la persona.

No es lo mismo alguien que nació en una familia practicante de la vida interior, y que desde niño fue aprendiendo sobre la oración de sus mayores, que alguien que descubre a Dios de adulto, y recién entonces comienza una vida de oración.

Nos interesa remarcar ciertas características en este grado de oración, para que cuando las leas puedas tomar conciencia y autodistanciarte lo suficiente como para observar más detenidamente la relación personal que mantienes con Dios o con vos mismo durante tu espacio de intimidad diaria.

Volviendo a la descripción de este primer grado...

¿Qué suele pasar cuando estás en este grado, durante tu tiempo de intimidad o de oración? (Siempre pensando en lo que sucede durante esos 15 o más minutos diarios de oración)

Si te quedas callado descubres al **silencio como vacío**.

Al silencio lo puedes llegar a tomar como una pérdida de tiempo.

Por eso, si te encuentras en esta etapa, tal vez no puedas quedarte en silencio unos minutos porque supones que durante ese espacio de intimidad tienes que "**hacer**" algo, es decir, tienes que "**decir**" algo.

Hay muchos que descubren en alternativas como el Yoga algunas estrategias para silenciar lo externo y comenzar a focalizar en lo interno.
Algunas de estas técnicas son muy interesantes. A medida que avancemos en las etapas posteriores veremos que el camino de crecimiento espiritual es un camino que te invita más y más al "abandono".
Por eso es bueno desde un principio no asustarte ante los silencios. Verás que en etapas posteriores te estaremos proponiendo con mayor insistencia secundar los silencios fecundos.

Pero por ahora lo mejor es comenzar con repetir frases u oraciones que han servido a otros y que te pueden ayudar también a vos.

Antes de continuar conociendo y practicando lo que este primer grado te propone, déjanos aclararte una idea muy importante.

¿Cómo diferenciar una experiencia aislada de una "etapa" espiritual...?

Hacer meditación repetitiva de vez en cuando no significa que ya estás en esta etapa.
Para discernir una etapa espiritual hay que evaluar lo que sucede de manera frecuente en tu vida de oración.

Si habitualmente tienes este tipo de posicionamiento interior, en donde expresas en forma de repetición tus oraciones o tus meditaciones personales, o donde repites una frase que un acompañante espiritual te aconsejó, aunque la oración sea en voz baja o inaudible, entonces podrás afirmar con cierta certeza que te encuentras atravesando este grado de intimidad.

Hay varios libros de autoayuda que te invitan a repetir frases durante el día. Otros te sugieren escribir carteles y después pegarlos en el espejo del baño, en la heladera, en el automóvil.

Este tipo de sugerencias son muy adecuadas para aquel que se encuentra en este grado.

Crecer en la vida espiritual supone perseverar en el espacio de intimidad diario. Sin esto prácticamente no hay crecimiento posible de manera ordinaria.

Este espacio personal es crecer en intimidad...

Ordinariamente creces en la intimidad con alguien cuando le dedicas algunos momentos de tu vida a esa relación. De la misma manera se crece en la amistad o en la vida matrimonial o de pareja, cuando se dedican espacios de tiempo para favorecer un momento de intimidad.

En el vínculo con uno mismo o con Dios sucede de manera similar.

Si quieres mejorar la relación con Fulano o Mengano, necesitarás estar con él en algún momento.

Para establecer un vínculo tendrás que estar **"presente"**, y para crecer en ese vínculo tendrás que ir notando lo que haces o lo que sucede durante esa presencia.

Pero si no "estás" en un espacio diario de intimidad, indudablemente tampoco crecerás en tu vida interior.

Crecer en este grado significa dar pasos en la vida interior, y como consecuencia de esos pasos también notarás frutos de sanación psicológica y espiritual.

Al perseverar en esta etapa, pronto te darás cuenta de que comienzas a crecer interiormente de manera apasionante.

Por eso déjanos detenernos por algunas páginas para contarte los primeros frutos que percibirás cuando te decidas realmente a perseverar en mantener este espacio de intimidad.

Si conoces esos frutos entonces te será más fácil perseverar para alcanzar lo maravilloso que te vamos a contar.

Los primeros frutos...

Poco tiempo después de comenzar con este espacio de intimidad personal diario, experimentarás cuatro grandes virtudes actuando de manera más vistosas en tu interior.

¿Qué son estas cuatro virtudes?

Las virtudes son respuestas para tu vida. Respuestas que te sirven para muchísimos problemas que te abruman.

Una de ellas es la **prudencia**. Es el arte de discernir, planificar, y llevar a la acción un plan que te propongas.

Luego tendrás que evaluar individual, familiar o comunitariamente. Aprenderás así a tomar decisiones exitosas.

Otra virtud es la **justicia**. Puede ser descripta como un equilibrio para ocupar tu propio rol. Es tener bien en claro el lugar personal que ocupas en relación a diferentes vínculos.

Aprenderás a ubicarte con eficacia en tus relaciones familiares, sociales o laborales.

Otra virtud es la **templanza**. Ella te ayuda a superar los obstáculos internos que te traban el desarrollo.

Por ejemplo diferentes estados de ánimo, desganos y ansiedades que actualmente no te permiten crecer.

Y también la virtud de la **fortaleza**. Ella te dará la posibilidad de vencer los obstáculos externos que se te presentan en el camino, por ejemplo los problemas económicos, las dificultades físicas, los conflictos familiares.

Si bien vamos ahora a ahondar en cada una de estas virtudes, te rogamos que sólo contemples este tema para **entusiasmarte** con los frutos que vas a gustar si continuas perseverando en el camino.

¡¡¡No intentes aprender sólo mentalmente algunos conceptos, sino que esto que te vamos a contar te sirva para estar más expectante!!!

Prudencia

La prudencia es el arte de discurrir y meditar para **decidir** lo que te conviene hacer en las diferentes situaciones de la vida cotidiana.

También es prudencia el acomodar los **medios** que tienes al alcance a las circunstancias de aquello que quieres resolver.

Muchas veces tienes un montón de medios a tu lado que no utilizas, porque ni siquiera te das cuenta que están a tu alcance.

Y la prudencia es también poner "**manos a la obra**". Es decir que la prudencia no es sólo evaluar una situación sino llevarla a cabo.

¡¡¡Saber pedir consejo o ayuda...!!!

Para crecer en prudencia es bueno saber recurrir a tiempo a aquellos que te pueden ayudar en la toma de decisiones.

Es también **perseverar** en aquello que decides con certeza.

Que difícil es para los varones...

La idea anterior pareciera ser muy buena y relativamente fácil de llevar a cabo. Pero para los varones, a diferencia de las mujeres, les cuesta muchísimo pedir ayuda.

Dentro de la psicología masculina, el pedir "ayuda" o "consejo" es frecuentemente percibido como una "debilidad".

Las mujeres son mucho más dóciles en este sentido. No les cuesta tanto trabajo colocarse en el lugar de pedir ayuda o comentar algo respecto de sus problemáticas cotidianas con sus mejores amigas, con sus familiares, o con algún profesional.

Por eso es más habitual observar a las mujeres frecuentar los consultorios terapéuticos que a los hombres. También es más común oírlas hablar con sus amigas sobre aquellas cosas que les preocupan.

Los varones, en cambio, difícilmente compartan en alguna reunión con amigos o familiares sus problemas. Usualmente intentan resolver sus dificultades "metiéndose para adentro".

Medios y fines...

Una vez que comienzas a discernir aquello que quieres realizar, luego tendrás que buscar los "medios" necesarios y adecuados para alcanzar tus objetivos.

Esto también es parte de la prudencia.

Frecuentemente te puedes llegar a distraer de los objetivos iniciales y terminas yéndote por otros caminos.

Veamos un ejemplo:

Te pones a pones a trabajar algunas horas al día para pagarte el estudio de una carrera universitaria.

Con el tiempo, puede llegar a suceder, que le dedicas tanto tiempo al trabajo que ¡no te queda tiempo para estudiar!.

Volvamos a nuestros objetivos...

Es una maravilla tener proyectos en la vida que te alienten a seguir adelante con entusiasmo.

Siempre es muy bueno que estés atento para que el momento para emprender algo surja de una **buena escucha** durante ese tiempo de intimidad.

No es bueno que tus decisiones surjan como fruto de razonamientos humanos sostenidos en intenciones puramente pasajeras.

A esta última actitud en Argentina se le llama: "**decidir en caliente**", es decir, decidir sin darse el tiempo necesario para evaluar los costos de tal decisión.

Si no te tomas el tiempo necesario para decidir lo que es importante para tu vida puede pasar lo siguiente...

Incertidumbre = Ansiedad...

Muchos de nuestros fracasos cotidianos se deben a que vivimos en un mundo de **reacción** y no de **acción**.

Los eventos se suceden en nuestra vida sin que tengamos ninguna decisión sobre los mismos y eso genera **incertidumbre**.

La incertidumbre es la puerta abierta a múltiples **trastornos de ansiedad**.

La incertidumbre genera ansiedad.

Por eso, todo lo que te devuelva la gracia de poder decidir libremente en tu vida, te dará **certeza**, y la certeza hace que **disminuyan** los niveles de **ansiedad**.

Aprendiendo a decidir...

Para tener mayores certezas es bueno que aprendas a decidir.

La palabra "**decisión**" significa "**cortar**" con cualquier otra posibilidad. Pero para tomar decisiones con acierto, tienes que crecer en Prudencia.

La Prudencia significa aprender de tus aciertos y errores **pasados** y poder definir los frutos tanto positivos como negativos de aquellas acciones.

También la Prudencia significa aprender a discernir lo que es bueno para el **presente**, y definir las metas y objetivos **futuros**.

Y una vez definidos esos objetivos, la Prudencia te enseña a **perseverar** en esas acciones.

Pero, ¡¡¡cuanto **miedo** da decidir!!! ¿Verdad?

Dejar de lado otras posibilidades siempre mete miedo a equivocarse.

¡¡¡A quemar las naves!!!

Se cuenta que los colonos, cuando llegaban a América, quemaban las naves para que los marineros no tuvieran la "tentación" de volver para atrás.

Decidir, en parte, significa "**quemar naves**".

Cuando decides contraer matrimonio, cuando cambias de trabajo, cuando decides tener un hijo, esas opciones significan "quemar" ciertas naves.

Imaginemos que decides casarte, pero dejas alguna "nave" flotando cerca (algún/a ex candidato/a dando vueltas).

Tarde o temprano, cuando surjan las dificultades de la convivencia, tendrás la tentación de volver para atrás.

Aprender a tomar decisiones con acierto puede llegar a ser un "arte".

Hay una metodología que se llama "**discernimiento prudencial**" que te puede ayudar a acertar en las decisiones.

Alguien muy experimentado en el discernimiento prudencial fue **San Ignacio de Loyola.** Es el fundador de la Compañía de Jesús, congregación religiosa a la cual pertenecen los sacerdotes Jesuitas.

El santo ingenió una metodología para aprender a conocerse a uno mismo y a tomar decisiones con paz y según la voluntad de Dios. A esta metodología la llamó: "Ejercicios Espirituales".

Los ejercicios son retiros que ayudan a aprender a notar los movimientos interiores y a saber cuál es el origen de los mismos.

Cualquiera de nosotros puede hacer un retiro de estos.

No necesitas ser **monje tibetiano** para realizar un retiro y aprender a discernir las cuestiones más importantes de tu vida.

Hay retiros de un día, de dos días, de una semana, y hasta de cuatro semanas, para realizar los ejercicios espirituales de San Ignacio.

Inés hizo un retiro de un mes de silencio en Uruguay, dirigido por el Padre Horacio Bojorge S.J. Volvió de ese retiro totalmente renovada en todo sentido.

Allí había experimentado su interioridad de tal manera y con tanta profundidad que sus decisiones, posteriores al retiro, tenían un sello particular de conocimiento de sí misma y de sus verdaderos deseos.

¡Cuidado con la soledad...!

En el camino de la toma de decisiones hay un riesgo importante que te puede acechar. Es el de pensar que puedes "solo".

Hay numerosos sujetos que expresan su convicción de que solos están bien y no necesitan de nadie para discernir lo que es bueno para sus vidas.

Respetamos a todos ellos, pero pensamos que hay un camino mucho más seguro y, que por añadidura, te hace crecer en humildad, que es el de discernir con otro u otros.

Te libras así del peligro de sentirte un "**iluminado/a**" y de todos los errores que eso te puede acarrear.

Crecer con la ayuda del conocimiento de otros, que han dedicado sus vidas a aprender sobre discernimiento, es crecer sobre camino más firme.

Un ejemplo de personas que experimentan el peligro de aislarse son las parejas que viven y padecen situaciones de **violencia** vincular.

Sucede frecuentemente que, poco a poco, van aislándose de sus relaciones familiares o de sus amigos más cercanos.

Toda situación que no puede ser presentada en comunidad es porque esconde algún tipo de vergüenza o humillación.

Así, dichas parejas, si tuvieran un "contralor", es decir la sociedad como testigos a través de sus amigos o familiares, posiblemente no incurrirían en tanta violencia, porque la misma sociedad denunciaría la situación para intentar ayudarlos o para intentar buscar soluciones.

A su vez, al estar rodeados de otras parejas sanas de amigos o familiares, estos podrían servirles como modelos de vínculos más saludables.

Otras personas se aíslan también cuando padecen problemas de fobias, alcoholismo, u otras enfermedades con ciertos prejuicios sociales.

Por eso en los grupos de autoayuda, cuando la persona se anima a presentar su problema al grupo, ya comienza su mejora terapéutica.

Otro ejemplo peligrosísimo de aislamiento son los problemas de abusos sexuales en una familia.

Esta situación abusiva requiere del "**secreto**", como cómplice silencioso, para perpetuarse en el tiempo hasta que alguien se anime a denunciar la situación.

Generalmente en estos casos existe la amenaza explícita: "no hables con nadie de esto o te sucederá tal o cual cosa...".

Lo mismo sucede con los trastornos de la alimentación como la Anorexia o la Bulimia. Los que la padecen se aíslan de quienes los pueden ayudar.

Comenzar a **compartir** los problemas con otros es el **primer signo** de mejora.

Pero volvamos a la Prudencia...

Hay cotidianamente decisiones que tomas sin darte el tiempo ni la forma adecuada para tamaña empresa...

Si realmente te entusiasma la idea de seguir adelante con lo que vienes leyendo, te invitamos a que seguidamente te tomes unos minutos para contestar **por escrito**, en tu diario o cuaderno personal, la respuesta a dos o tres de las siguientes preguntas, las que más te llamen la atención.

Te sugerimos que te tomes todo el tiempo necesario en tu espacio de intimidad diario, porque este ejercicio te va a ayudar a reconocer áreas de importancia en tu vida y también a investigar la forma en que tomas decisiones con frecuencia.

- ❖ ¿Cómo vives? ¿Cuál es tu estilo de vida?
- ❖ ¿Es adecuado el tiempo que le dedicas al trabajo, a la familia, a las vacaciones, a los amigos, al deporte? ¿O alguno de estos aspectos necesitaría mayor dedicación?
- ❖ ¿Cuánto tiempo le dedicas al desarrollo de una espiritualidad madura? ¿Está en proporción ese tiempo con tus valores y anhelos?
- ❖ ¿Con quién o con quiénes decides pasar el tiempo usualmente?
- ❖ ¿Qué has decidido estudiar? ¿Conoces las razones de tal decisión?
- ❖ ¿Cuáles son tus dones para poner al servicio?
- ❖ ¿Cómo has elegido tu pareja?
- ❖ ¿Cuáles son tus anhelos y sueños?
- ❖ ¿Cómo fueron tus elecciones pasadas y presentes?
- ❖ ¿Cuál es tu verdadera vocación?

Luego del ejercicio nos volvemos a encontrar...

¡¡¡Bienvenido nuevamente!!!

Visión de futuro...

Cada una de estas preguntas la responderás con mayor claridad cuando tengas una **visión de futuro**, es decir tomando en cuenta tu vocación o misión.

La Prudencia te ayuda a tener un plan de vida y a llevarlo a cabo. Un plan de vida siempre supone tener en cuenta tu **vocación** para acertar en las acciones y en las decisiones a tomar.

¿Cuáles son tus metas y objetivos...?

Para aprender a discernir cuales acciones tomar, deberás saber tus objetivos a corto, mediano, y largo plazo.
Y los objetivos surgen de los **valores** que posees.

Si, por ejemplo, el deporte es algo importante para vos, tendrás entonces que ubicarlo dentro de los objetivos de tu agenda.

Si la vida interior es importante para vos, entonces deberás ubicar alguna actividad al respecto. Por ejemplo: un espacio de intimidad diaria o retiros espirituales con cierta frecuencia.

Si la familia es algo importante, también deberá ocupar un lugar en esa agenda.

Hay muchas cosas que hoy no parecen importantes para la vida, pero que luego, tal vez, cobren valor. Esto suele suceder con la vida interior.

A medida que comiences a notar los primeros frutos de una vida de intimidad cotidiana, te entusiasmarás y por eso continuarás con mayor seguridad en esa tendencia.

Así se irán transformando tus prioridades.

Antes la oración o meditación cotidiana tal vez no era un asunto importante. Después, al ver los frutos, este espacio se transformará en la columna vertebral de tu vida.

Por eso te recomendamos que **antes** de hacer tu **agenda** sobre los proyectos futuros, primero comiences por mantener el **hábito** del espacio de intimidad diario.

Si quieres decidir **apresuradamente** sobre tus proyectos, creemos humildemente que es preferible **esperar** a tener un método de discernimiento que te asegure tomar decisiones con prudencia.

¡Un poco de tiempo...!

Prudencia es saber que hay un plan, que es mucho más importante de lo que puedes imaginar, y que necesitas el tiempo necesario para ir descubriéndolo.

Y es hermoso vivir una vida en donde te puedas tomar ese tiempo necesario para ir delineando los pasos a seguir.

Para vos, que has llegado hasta aquí con la lectura, signo que quieres seguir con el desafío de crecer espiritual y psicológicamente, aquí va el siguiente ejercicio:

1) En principio continuar con ese tiempo de intimidad cotidiana.

  ✓ Intenta que sea a una hora determinada cada día, y en un lugar que no tenga constantes interrupciones.

  ✓ Prepárate físicamente, con una respiración pausada, y sin tomar tanto en cuenta las distracciones.

2) La segunda parte del ejercicio corresponde a buscar en el entorno alguien que pueda ayudarte a crecer en el camino de vida interior.

  o Alguien con quien puedas compartir aquellas decisiones que tendrás que tomar, y que también te ayude a definir aquellas otras decisiones que pueden esperar. Esta tarea pareciera difícil, pero no lo es tanto como aparenta.

¡¡¡Si supieras cuánto fruto se saca de esta tarea, ya estarías buscando a alguien antes de leer el final del párrafo!!!

Si aceptas el desafío de bucear en ese sentido, lo demás vendrá por añadidura...

A seguir andando...

Una vez que hayas perseverado en este grado, y luego de tomadas las primeras decisiones, puede suceder que comiencen a presentarse los primeros **obstáculos internos**. Entonces necesitarás...

Templanza:

La Templanza es el dominio de ti mismo.

¿Necesitas un poco de esta medicina?

¡¡¡¿Cuántos males causaste a tu alrededor por no saber dominarte?!!!

Cuántas heridas por decir aquello que no querías decir a una persona querida, excesos en las comidas o bebidas, adicciones, trastornos de ansiedad, obsesiones, falta de concentración en el estudio, falta de perseverancia en alcanzar alguna meta sana como un deporte o una carrera universitaria, falta de tolerancia hacia tu pareja, hacia tus hijos, o hacia tus padres, violencia simbólica o no tan simbólica en tu forma de comunicarte, y otros tantos males.

Así podríamos nombrar muchas áreas de tu vida que necesitan de la virtud de la templanza para mejorar.

¡¡¡Ojo!!! ¡¡¡Todos necesitamos de la misma medicina!!! ¡¡¡No eres tan original!!!

La templanza es una herramienta frente a los **obstáculos internos**.

La templanza te lleva hacia el equilibrio cuando estas interiormente desordenado.

Los cinco sentidos exteriores de la vista, oído, olfato, tacto, gusto, se pueden "desordenar", es decir que pueden no estar ordenados al fin por el cual existen.

Por ejemplo, el "gusto" puede ayudarte en la nutrición pero, si se desordena este sentido, entonces tu alimentación se transforma en "gula" o en voracidad. Los "rollitos" en tu cintura pueden ser fieles espectadores de este desorden.

Los deseos personales también se pueden desordenar. Las ansias de "crecer" en lo laboral se pueden transformar en deseos de "poder".

Los deseos de mejorar en el nivel de vida se pueden transformar en conductas puramente consumistas.

La templanza te enseña la medida justa, es decir el equilibrio.

Perseverar en el espacio de intimidad personal te ayudará a crecer en templanza.

El hecho de estar a solas, durante un espacio de tiempo determinado, te favorece para aquietarte. En ese estado puedes comenzar a notar todos los movimientos interiores.

Desde allí puedes advertir aquellos movimientos que te acercan o te alejan de los fines que persigues.

Puede llegar a suceder que luego de haber discernido proyectos u objetivos concretos para realizar, cualquier **estado de ánimo desordenado** te aparte de esos objetivos.

Un sacerdote amigo nos comentaba que había tenido una experiencia en la **India** haciendo un retiro de varios días.

En ese retiro le sugerían que permaneciera durante **una hora**, cinco veces al día, ¡¡¡sin moverse!!!

Luego de varios días de ejercicio podía notar el más mínimo movimiento físico y mental, sorprendiéndose a sí mismo de los movimientos interiores que antes nunca había percibido.

Cuando decimos que la templanza te favorece al equilibrio interior nos referimos a lo siguiente:

1- equilibrio en aquello que estas **pensando**,
2- equilibrio en tus **conductas**
3- equilibrio **corporal**,
4- equilibrio **emocional**.

Hay estados interiores que te ayudan a **actuar**, como lo son la confianza, el amor, la seguridad.

Hay otros estados interiores que te **paralizan,** como son los miedos, las depresiones, las angustias, las tristezas.

Darte cuenta de tus estados de ánimo es importantísimo para crecer psicológica y espiritualmente. Cualquier terapia ahondará en este sentido, y cualquier escuela de espiritualidad también.

Conocer las mociones (movimientos) interiores, es una de las primeras tareas que deberás emprender para seguir adelante.

Conociéndote...

Saber:
- de dónde provienen tus pensamientos,
- cómo son tus conductas o reacciones cotidianas,
- cómo manejas tu cuerpo con su debido descanso,
- cómo son tus hábitos respecto de las comidas y las bebidas,
- cómo está tu actividad física,
- cómo están tus emociones,
- cómo percibes tus heridas interiores, rencores, faltas de perdón, envidias, odios,

Saber todo ello es fundamental para seguir adelante.

En la medida que ahondes en este espacio personal, conocerás más de vos mismo y podrás trabajar más y más sobre estos temas.

Pero lo haremos ordenadamente, proponiéndote pequeños pasos a la vez y focalizando en algún obstáculo concreto hasta superarlo.

Y, por supuesto, valorando también los más mínimos pasos dados...

¿Qué pasa con la rana...?

Estar atento a los pequeños progresos que se vayas haciendo es importantísimo.

¡Las ranas te pueden dar un ejemplo!

Si se calienta agua en una olla, y se coloca una rana en su interior mientras el agua se encuentra fría, la rana sigue nadando. Así seguirá nadando mientras se calienta el agua.

Cuando la temperatura sube tanto que hierve el agua, la rana muere sin haber siquiera intentado salir del recipiente.

Pero si se calentara el agua de una olla, y luego se coloca la rana en su interior, estando el agua hirviendo, la rana, al tocar el agua caliente, pega un salto y ¡sale del recipiente!

Si bien el ejemplo no es muy agradable de imaginar, ¡pobre rana!, sin embargo el modelo nos ayuda para ilustrar el concepto.

¿Qué le sucedió a la pobre rana?

La rana no nota los pequeños cambios de temperatura sino que sólo percibe los cambios drásticos.

Carece de mecanismos interiores que le adviertan de las variaciones minúsculas.

Esto mismo puede llegar a sucederte en la vida.

Con frecuencia es difícil notar los pequeños cambios interiores, tanto cuando estamos **mejorando** como tampoco cuando estamos **empeorando**.

Esta es una dificultad que puede ser apremiante en el crecimiento psicológico y espiritual. Cuando no te das cuenta que estás mejorando, dicha percepción errónea puede invitarte a abandonar las cosas que te habían ayudado a crecer.

De la misma manera, si no distingues cuando estás comenzando a empeorar, podrías llegar al fondo sin hacer lo necesario para salir adelante.

¿Algo de esto parece ser historia conocida?

Aprendiendo a percibir los detalles...

Tus **estados interiores** te hacen percibir al mundo de manera particular.

Veamos algunos ejemplos:

Si estás deprimido, ese estado de ánimo influirá para que observes con esos anteojos de la depresión todas tus realidades.

Si estás melancólico extrañarás todo lo pasado.

Si estás gozoso, la vida te será más llevadera.

Si estás herido interiormente, verás intenciones retorcidas cuando te digan algo o te corrijan.

Así podrías transformarte en un ser hipersensible con todo el que te critique.

Si estás padeciendo de celos, notarás infidelidades por todos lados.

Otra forma que influye en la manera que tienes de percibir al mundo es tu **funcionamiento fisiológico** al ingerir diferentes tipos de alimentos, bebidas o la medicación.

También con respecto a lo corporal, podemos agregar que los ejercicios físicos, la forma en que respiras, las tensiones corporales, influyen en cómo percibes tu mundo.

Cuando estás **sano**, suele suceder que percibes de manera diferente al mundo que cuando estás **enfermo**.

Ejercicio...

¿Qué te parece si hacemos un pequeño ejercicio que te puede ayudar a percibir algunos puntos importantes sobre vos mismo?

Te recomendamos que contestes las siguientes preguntas intentando percibir aquellas áreas que se encuentran momentáneamente desequilibradas o en las cuales has perdido cierto dominio. Es decir, intentando advertir todo aquello que no podes refrenar, como por ejemplo: ciertas obsesiones, compulsiones, gula, ira.

Veamos algunas áreas...

¿Cómo está tu descanso?

¿La forma de comer muestra excesos o carencias?

¿Tus emociones cotidianas presentan demasiados altibajos?

¿Expresas reacciones negativas cuando contestas a las personas?

¿La ansiedad, ciertos miedos (fobias), o alguna depresión, te privan de hacer actividades?

¿Con aquellos que convives o con los individuos que compartes los ámbitos de formación o de trabajo, tienes celos, envidias, enojos, reacciones exageradas o violentas?

¿Posees algún tipo de adicción física o emocional? ¿Alcohol, cigarrillos, medicamentos, drogas?

¿Tienes apegos emocionales con tu pareja, con tus hijos, con tus padres o con amigos?

¿Notas algún rencor o falta de perdón, como consecuencia tal vez de situaciones humillantes del pasado?

Todas estas preguntas pretenden ser disparadoras para ahondar en cada plano.
Evaluarlas te puede ayudar a identificar áreas a tener en cuenta para luego trabajarlas.

Momentos que influyen...

Si tienes **heridas pasadas** reaccionarás en numerosas circunstancias de acuerdo a esas heridas.
Necesitarás sanar las heridas para avanzar en el crecimiento.

Este espacio íntimo personal, junto con un acompañamiento adecuado, pueden favorecer la sanación de tu pasado.

Con un presente equilibrado puedes así apuntar a un futuro plan de vida.

También podrías llegar a perder cierto equilibrio emocional o físico al atravesar diferentes circunstancias de tu vida.

En los momentos de transición existe mayor vulnerabilidad que en los momentos de estabilidad.

Cuando hablamos de los momentos de cambio también podemos referirnos evolutivamente a diferentes situaciones, como por ejemplo, la adolescencia, el casamiento, al nacer el primer hijo, el inicio escolar, la menopausia, la viudez, al atravesar enfermedades crónicas, durante las mudanzas, la pérdida de trabajo. Estos cambios, propios del ciclo evolutivo, producen incertidumbre.

De la misma manera podemos observar que se producen cambios y momentos de vulnerabilidad en la vida espiritual en etapas que llamamos "**Noches espirituales**" y que veremos más adelante.

En la medida que crezcas en Templanza verás que creces también en otras numerosas virtudes: humildad, mansedumbre, modestia, austeridad, simplicidad.

La mansedumbre modera a tu **ira**.

La humildad modera a la "**soberbia**", uno de los enemigos más poderosos que puedas legar a tener en tu interior.

Pero imagínate que comienzas a caminar por este sendero...

Luego de perseverar en el espacio de intimidad personal, y después de aprender a tomar decisiones, y de salir victorioso/a ante algunos obstáculos interiores, ¡¡¡zzzzazzzz!!!, se te presentan los primeros **obstáculos externos**, entonces...

Fortaleza:

Fuimos viendo cómo este espacio personal te lleva por un camino apoyándote en la madurez de la **Prudencia**, que te ayuda a plantear objetivos y metas en tu vida.

Te da perseverancia para continuar hacia ese crecimiento que anhelas en lo espiritual y en lo psicológico. También vimos cómo el crecimiento de la **Templanza** (dominio de sí) te otorga mayor equilibrio emocional y físico para poder transitar ese sendero venciendo obstáculos interiores.

Hasta aquí los frutos fueron muchos y variados, pero posiblemente en el transcurso del camino se te vayan presentando **obstáculos externos** que entorpezcan tu caminar.

Tendrás, entonces, la necesidad de crecer en la **Fortaleza** para poder vencer esas limitaciones y continuar hacia adelante.

Te compartimos algunos **ejemplos** de obstáculos externos.

Estos ejemplos tal vez te ayuden a reconocer las limitaciones que se te presentan a diario.

* Circunstancias económicas adversas que te impiden seguir con lo planeado.
* Resistencias en la familia cuanto quieres producir un cambio.
* Los ambientes donde te mueves, posiblemente no te ayudan a crecer interiormente.
* La ciudad donde vives queda lejos de todo aquello que quieres emprender.
* El trabajo te acapara todo el día y no tienes tiempo para otra actividad.
* Tu salud es muy frágil.

La virtud de la Fortaleza te ayudará a ser firme y constante más allá de los obstáculos que se te presenten.

¡Qué maravilla es tener **objetivos apasionantes** en tu vida y no desfallecer en el camino para alcanzarlos!.

¡Contratiempos externos siempre se te presentarán!, el tema es saber cómo atravesarlos.

Superando adversidades...

La virtud de la fortaleza es una **muralla** en la altura que protege a los soldados y al pueblo.

La fortaleza **protege y cuida** lo que ocurre en el interior de puertas para adentro, en el corazón, en donde se sana, se vendan las heridas, se cobija, y se descansa.

La fortaleza se ciñe como **pilar**, se enraíza y da pasos hacia afuera.

La fortaleza es un **escudo** que te permite ir dando pasos y arriesgarte a la lucha.

La fortaleza da **libertad, enamora y cuida** del débil y herido, mirando hacia una meta, ensanchando sus fronteras.

Es **inteligente, sabia, valiente,** y sabe lo que hace.

La fortaleza trabaja en **equipo**, sabe conducir y también callar.

Mira hacia lugares altos y allí tiene su **morada**.

La fortaleza levanta en sus brazos, **acuna** y protege, sostiene y empuja.

La fortaleza **escucha** y es **paciente**.

La fortaleza **acompaña** y abre puertas nuevas.

Enseña al miedo a ser **atrevido**, y a la audacia a pensar **pacificándose** para obtener nuevas victorias de frutos sabrosos: amor, tolerancia, benignidad, bondad, fe, mansedumbre, templanza, paciencia, perseverancia...

Sosteniendo...

Uno de los peores males que puedes padecer es la falta de equilibrio emocional.

Esta falta de equilibrio puede hacer que vivas como en una montaña rusa con diferentes estados de ánimo varias veces por día.

La fortaleza te invita a ese equilibrio o armonía, más allá de las circunstancias cotidianas.

Y una virtud muy ligada es la paciencia. Es la tranquilidad **sin perturbación** en los **males**.

Santa Teresa de Ávila decía:

Nada te turbe, nada te espante,
Dios no se muda,

*la paciencia todo lo alcanza,
quien a Dios tiene nada le falta.*

También esta virtud maravillosa te enseña a guardar silencio en vez de expresar todo el tiempo con palabras, o con gestos, los males que sufres.

Ejemplo: ¡**la queja**!

¿Te suena familiar?

También la fortaleza te ayuda a proteger el corazón contra la tristeza.

La tristeza y la queja son **asesinos silenciosos** del corazón.

Desde allí surgen muchísimos síntomas depresivos.

Pero hay algo todavía mayor que te otorga la Fortaleza y la Paciencia.

Presta atención a la siguiente idea porque puede llegar a ser un **paso inmenso** en tu psiquismo y en tu espiritualidad. Puede llegar a ser un antes y un después en tu vida.

Dichas virtudes te enseñan y te dan la gracia de sufrir los males, no solamente con quietud y tranquilidad de ánimo, sino con ¡**alegría**!

Éste es un ideal **posible** y **deseable**, y muy pocos se atreven a tener semejante ideal.

Todo pasa...

Hay formas de ver la vida que te pueden ayudar a atravesar el dolor y el sufrimiento intentando buscar el sentido oculto de los mismos o, al menos, intentando atravesarlos sabiendo el **carácter transitorio** de los padecimientos.

En última instancia, como decía Víctor Frankl, se puede tener libertad de actitud en las circunstancias exteriores más adversas.

Una frase dice: "lo que no te mata te fortalece...".

Saber que el dolor o el sufrimiento son siempre pasajeros y transitorios, te ayudará a no detenerte en el padecimiento como si fuera eterno.

Es llamativo cómo en momentos de dolor las personas solemos **teñir** con ese dolor todos los recuerdos del **pasado** y todas las expectativas **futuras**.

De esa manera el dolor aparenta haberse instalado durante toda la vida pasada y aparenta también perpetuarse en el futuro.

Veamos ejemplos de esta última idea.

Hay parejas que en momentos de crisis, luego de treinta años de casados, dicen: "¡¡¡nunca te amé...!!!".

Es decir que leen el pasado en clave de la crisis presente. La misma crisis les hace suponer que el "amor" tampoco volverá en el futuro.

Es decir que imaginan el futuro desde el punto de vista que les otorga ese presente en crisis.

Recapitulando:

> En el momento de crisis tenderás a colorear
> con dicha dificultad todas tus percepciones.

Sería fantástico que esta frase la anotaras en algún cartel bien grande para leerla con frecuencia en momentos de crisis.

Un vicio contrario a esta virtud de la fortaleza es la **"consunción"**.

Y esto ¿qué es?

Veamos si te identificas con esta explicación

¡¡¡Realizar gastos desproporcionados a los propósitos que persigues!!! Ejemplo: Tarjeta de crédito, cuotas mensuales por consumos desmedidos.

¿Te suenan familiares algunos de estos vicios?

Como ves, la Fortaleza te hace dar enormes pasos en tu crecimiento interior.

Por eso, te alentamos a seguir adelante con el compromiso de tu espacio de reflexión personal. Así irás conociéndote para disfrutar de lo que encuentras en estos caminos.

Ejercicio...

Antes de continuar con la siguiente virtud, te invitamos a escribir sobre vos mismo en tu cuaderno personal.
Realizar este ejercicio te puede dar un conocimiento enorme sobre cómo eres.

1. Intenta observar a lo largo de tu vida todas aquellas situaciones en las cuales hubieras necesitado Fortaleza para no abandonar lo comenzado. Describe todas estas situaciones en el papel o en la computadora.

2. También te invitamos a anotar todas aquellas situaciones actuales que requieren de Fortaleza para continuar avanzando.

3. Luego intenta escribir sobre situaciones de tu vida en las cuales venciste obstáculos enormes.

4. Y, finalmente, te aconsejamos describir aquellas áreas actuales en las cuales notas que estás muy fortalecido.

Una vez finalizado el ejercicio nos volvemos a encontrar...

¡¡¡Bienvenido nuevamente!!!

¿Cómo te fue con el ejercicio?

¿Cuáles frutos te deja al reconocer todas esas situaciones?

Actualmente hay muchísimos ejercicios como el que acabas de realizar dirigidos a las grandes empresas. Se le llaman test sobre fortalezas y debilidades.

Se lo utiliza para distinguir las riquezas y debilidades y así poder delinear proyectos a futuro.

¡¡¡Qué bueno!!! Ya diste unos pasos enormes al reconocer aspectos de tu personalidad y de tu interioridad.

Pero tarde o temprano te encontrarás con que no sabes ocupar el lugar que te corresponde cuando organizas tareas, dentro de la familia, en una comunidad, o en tu profesión.

Por eso te hace falta...

Justicia:

Ahora veremos cómo el espacio de intimidad personal también te hace crecer en **Justicia**. Es decir ejercer tu **rol** allí donde estés, y también dejar ejercer el rol a los demás.

Hay muchas formas de contemplar la Justicia: nosotros lo haremos desde esta perspectiva del rol, que nos puede ayudar a ampliar la mirada hacia otras áreas.

Si prestas atención a los roles en los que estás inserto/a, te darás cuenta que en algunos de esos roles tienes fuertes desequilibrios.

Para ejemplificar la situación, describamos algunos ejemplos de relaciones desequilibradas y te darás cuenta de lo que estamos hablando.

Hay esposos que parecen ser hijos de sus esposas, o padres de ellas; o viceversa, esposas que parecen ser hijas o madres de sus maridos.

Hay hijos que parecen ser hermanos de sus padres, o hasta ¡padres de sus padres!.

Hay abuelos que parecieran hijos hasta de sus nietos.

Hay empleados que se someten como esclavos a sus jefes.

Hay jefes que terminan siendo esclavos de sus empleados, perdiendo toda autoridad.

Hay grupos o comunidades de todo tipo: políticas, empresariales, laborales, deportivas, y hasta religiosas, cuyos miembros pierden toda individualidad, se someten a un líder y eluden toda responsabilidad de construcción en equipo.

En otras comunidades todos quieren ser "caciques" y faltan los "indios".

Allí te dimos varios ejemplos de desequilibrios. Sigamos adelante entonces...

Todos tenemos una **misión** y un **rol** único que merece ser ejercido. Porque somos únicos e irrepetibles.

Nadie puede ocupar ese lugar por ti, y la meditación junto con el discernimiento, te pueden ayudar a ir descubriendo esa misión y a ejercer tus roles al límite de tus capacidades y dones.

Libertad interior y Responsabilidad...

Para ejercer el rol adecuado se requiere de **libertad interior**.

Si estás apegado a vínculos insanos, es doblemente necesario entonces crecer espiritual y psicológicamente para poder liberarte de esos apegos.

Si no estás muy contento con cómo ejerces diferentes roles, entonces ¡cambia!

Crecer en Comunidad...

Pero lo que más puede ayudarte a la hora de pulir tu personalidad es crecer en Comunidad. El aislamiento te priva de darte cuenta sobre cuáles son las aristas más cortantes de tu personalidad.

Reconocer los talentos y las imperfecciones que llevas dentro, te ayudará en todo ambiente en el que te muevas: pareja, familia, trabajo, club, grupo de amigos, comunidad, iglesia, parroquia.

Anímate a cambiar y a ejercer tu rol con toda la plenitud y riqueza interior que llevas dentro, y verás cómo todo cambia a tu alrededor...

Cuando hablamos de relaciones vinculares, tarde o temprano, surge también la idea de la....

Obediencia...

Un aspecto dentro de la justicia es la "**Obediencia**".

Si eres medio rebelde, en este punto encontrarás un obstáculo en el camino de crecimiento.

Vivimos en una época en donde la obediencia aparenta ser una **palabra en desuso**.

Es lógico que sea así luego de haber atravesado como pueblos, durante décadas o siglos, situaciones de sometimiento a autoridades psicopáticas.

Por eso posiblemente este viraje hacia la rebeldía surja en contraposición a la obediencia que se mantenía con sumisión o resignación.

Hace pocos años las mujeres padecían estas circunstancias en lo familiar, en lo social y en lo político. De hecho, hace muy pocos años que la violencia familiar se comenzó a denunciar.

Otra situación favorablemente llamativa es que en la actualidad también se comenzaron a denunciar los casos de abuso sexual infantil intrafamiliar.

Pocos años atrás, las víctimas de estas situaciones horrendas, vivían con sometimiento, temor, vergüenza, y hasta cierta culpabilidad, estas circunstancias.

En lo social también se ha hecho hincapié en los derechos humanos y se han denunciado últimamente situaciones aberrantes que en el pasado se vivían con temor o hasta con justificaciones absurdas de los mismos intelectuales de la época.

Si a una mujer el marido la golpeaba, surgía alguna voz que decía "por algo será...".

Si había desaparecidos en un país, por las persecuciones políticas o por el terrorismo de estado, algún intelectual enfermo decía "por algo será...".

Gracias a Dios estas circunstancias se denuncian cada día con mayor claridad, pero falta mucho todavía por hacer.

Por otro lado, lamentablemente por una mala interpretación de la Obediencia se llegó a justificar cualquier aberración.

Una ley famosa en la Argentina ilustra la mayor ridiculez al respecto. A dicha ley se la llamó **"obediencia debida"**, bajo la cual las autoridades militares de menor rango justificaban su actuar en contra de los derechos humanos con la idea de que el responsable de sus propios actos era el militar de mayor rango.

Bajo esta idea una persona es colocada en el nivel de una máquina, de un engranaje, y sin capacidad de discernir si la orden es una estupidez bárbara o atenta contra la humanidad misma.

Sin embargo, la rebeldía hacia la obediencia mal gestada se puede transformar en anarquía exagerada. Un ejemplo de esta última afirmación sería cuando no se quiere obedecer ni al ¡semáforo en rojo!.

Aquellos que han vivido situaciones humillantes, como las descriptas anteriormente, pueden llegar a mantener heridas interiores que se expresan en formas de rebeldía.

En la experiencia del acompañamiento a adolescentes, notamos que frecuentemente los más "rebeldes" provienen de grupos familiares en donde estuvieron sometidos a experiencias de violencia o abuso, o bajo experiencias de falta de referentes de autoridad sana.

Hay psicólogos que afirman que los abusos sexuales acontecidos dentro del mismo ambiente familiar, son como un disparo en el psiquismo de la persona abusada.

Todo su interior se trastoca porque aquella persona que debería cuidarla y protegerla se encarga de someterla.

Las heridas que producen situaciones como ésta luego se expresarán en la desconfianza hacia cualquier tipo de autoridad.

En las experiencias sociales, como el terrorismo de Estado, sucede algo similar.

Aquellas personas que deberían velar por la integridad de los individuos, son justamente los que los someten con un régimen de terror.

Para crecer en el desarrollo personal y en la espiritualidad madura, habrá que ir sanando de estas experiencias dañinas.

Las personas de oración, van notando que Dios les cambia su percepción sobre la autoridad al colocarse Dios mismo en un lugar de autoridad sana y amorosa.

Si por desgracia atravesaste circunstancias malsanas con respecto a la autoridad paterna, te será difícil colocar a Dios en el rol de Padre manso y amoroso.

Pero Dios, a través del espacio de intimidad personal te irá cambiando esta percepción, irá sanando tus heridas. Irá gestando en tu interior, si te atreves a intimar con él, una nueva concepción sobre lo que significa ser Padre.

Si quieres profundizar sobre este punto puedes acudir a un libro hermoso que se llama: "Upa papá" del Sacerdote Horacio Bojorge S.J.

Ser agradecido...

En la medida que creces y que sanas, con el correr de los días, surgirá un nuevo movimiento interior...

La justicia también se enriquece con la **gratitud,** por los beneficios recibidos.

La Gratitud...

Una de las formas de oración que más les gusta a los Franciscanos es la Alabanza, la acción de Gracias, y ¡la Adoración!.

¡Es que San Francisco de Asís era reconocido por tener un corazón agradecido!. Y esta actitud lo hacía santo y sabio.

La Verdad...

La justicia también se enriquece con la **verdad...**

Verdad en las promesas: **Fidelidad...**

Todo el que tenga el corazón dividido difícilmente pueda crecer en la vida interior.

La **fidelidad** es una palabra devaluada y en algunas bocas aparenta sinónimo de falta de "libertad".

Sin embargo, no hay mayor esclavitud que estar atado a situaciones de **ocultamientos.**

Ejercicio...

Entonces veamos cómo podemos poner en práctica algunas de las cosas dichas hasta ahora.

Te invitamos a recurrir nuevamente a tu diario espiritual e intentar contestar las siguientes preguntas.

¿Notas algún desequilibrio en tus vínculos dentro del ambiente familiar?

¿Cómo es tu relación de pareja: es simétrica, es decir es pareja o presenta desigualdades?

¿Cómo es la relación con tus amistades?

Si hay algún líder grupal, ¿cómo es tu relación con él?

¿Cómo es tu relación con tus hijos, o con alguien que dependa de ti en algún sentido?

¿Tienes temores de ejercer la autoridad?

¿Cómo es tu relación con la autoridad?

En el trabajo, ¿cómo es tu relación con jefes, pares y subordinados?

¿Notas algunas heridas que opaquen estos vínculos?

Y otro aspecto a tener en cuenta:

¿Percibes la obediencia a tus propios deseos interiores?

¡¡¡Es importante conocer los mayores anhelos para aprender a obedecerlos hasta alcanzarlos!!!

Una vez finalizado el ejercicio nos volvemos a encontrar...

¡¡¡Bienvenido nuevamente!!!

¿Qué fruto obtuviste al contestar las preguntas disparadoras?

Te proponemos que puedas escribir alguna respuesta a estas preguntas. Así irás aprendiendo a discernir tu interioridad.

Si aceptas el desafío de bucear en ese sentido, lo demás vendrá por añadidura...

¿Y ahora?...

Volvamos al primer grado en la escuela...

¿Notaste cuántos frutos pueden aparecer al comenzar un camino de crecimiento psicológico y espiritual con un método como el que te fuimos describiendo?

Vimos cómo se crece en esta primera etapa. Pero al comenzar este camino todavía se arrastran muchos defectos del que recién se inicia en un proceso de crecimiento en la vida espiritual.

Veamos juntos ahora algunos posibles defectos de quien se encuentran en esta primera etapa. Aquí sólo generalizamos por una cuestión puramente pedagógica, pero tal vez vos no tengas ninguno de los defectos que vamos a describir a continuación.

En un inicio posiblemente percibas a la espiritualidad como una actividad exterior y como algo que tienes que "hacer": rezar, peregrinar, ir hasta el templo, acudir a Misa o a una celebración, etc.

Es común pensar que Dios está en algún lugar, y vos deberías ir hasta allí si quieres encontrarlo.

Como a Dios lo percibes como alguien lejano, y que se encuentra sólo si te acercas o si haces tal o cual actividad, es habitual no plantearte ningún problema al tener actitudes o conductas que no acompañan la experiencia de Dios cercana.

Como todavía tal vez te es difícil registrar a Dios de manera cercana, si vas a la Iglesia te comportas "bien", ¡¡¡pareces un monaguillo!!!, pero luego, en la vida cotidiana, con tu grupo de amigos, o en cualquier otras situación, puedes llegar a hacer o decir cualquier cosa totalmente contrarias a Dios o a la espiritualidad que persigues.

Total, Dios pareciera no estar tan cerca de ti como para observar la situación.

Así caes en una doble vida.

Por un lado cuando focalizas en la espiritualidad, en la vida interior, o en Dios, mantienes actitudes maduras y fructíferas, pero luego, en otros ámbitos hay conductas totalmente adversas a esos objetivos.

Es común, entonces, mantener en un principio una gran división interior.

¿Cuál es la fórmula exitosa...?

Otro defecto que te puede asaltar en esta etapa es tener la experiencia de que Dios es alguien al cual le pides algo con ciertas "fórmulas" y obtendrás lo que quieres si aplicas bien las fórmulas correspondientes. Por eso, te vas a la "caza" de diferentes claves para conseguir lo que quieres.

Puedes llegar a transformar a Dios en un dios mágico, que hace lo que quieres, siempre y cuando aciertes con la "técnica" exitosa.

Si por alguna razón no hace lo que quieres, entonces abandonas todo y te vas a otro "club" que enseñe mejores técnicas, o buscas a alguien que sepa qué hacer para conseguir los favores de Dios y llegar a obtener así lo que pretendes.

Aquí es fácil que intentes con todo tipo de supersticiones.

Recetas de oración del tipo de las copias que se dejan en algunos lados o se publican en los diarios, y que hay que hacer cierta cantidad de copias y repartirlas, o ¡¡¡no tendrás suerte!!!

A este tipo de propuestas de oración se las llaman "**cadenas**".

Esas cadenas suelen amenazarte con males terroríficos si no continúas con ellas. Prometen que si las secundas entonces en pocos días pasarán ciertos milagros en tu vida, pero si no continúa con la cadena y la cortas, entonces ¡¡¡se te caerá un piano en la cabeza!!!

Así podrías quedar esclavo y temeroso de esas amenazas.

Por lo tanto en esta etapa suele suceder que no contemples tanto a Dios y sus atributos, sino más bien las necesidades personales.

Es decir: creerás, muchas veces inocentemente, ¡¡¡que el mejor plan es el tuyo!!!

Por eso en parte pretendes que Dios te siga, y que te otorgue lo que necesitas para ese plan.

Creciendo en humildad...

Pero al mismo tiempo, como contrapartida de esos defectos, la **meditación repetitiva** tiene una riqueza indescriptible, porque te **aparta** de la idea de la propia omnipotencia.

Si haces este tipo de meditación, sabes que hay Alguien, aunque sea allí afuera, que te puede ayudar, y al que puede acudir.

Es un cambio enorme con momentos anteriores en donde tal vez pensabas que todo lo podías solo y que no necesitabas de vida interior o de Dios.

Por eso, es bastante común que en **tiempos de crisis** te acerques a Dios, ya que tal vez, ni las fórmulas, ni la ciencia, ni las técnicas, te ayudaron a superar el sufrimiento.

Por eso, esta etapa es un paso enorme en el crecimiento interior hacia la humildad.

¡Y esto sí que es crecimiento!

En la medida que más te conozcas, más humilde serás:

Sabrás de tus debilidades y también de tus fortalezas.

Por eso puedes comprender y tomar más en cuenta a otros con sus debilidades y sus fortalezas.

Ejercicio...

1) Querido compañera/o de camino, te invitamos a que busques en tu recorrido de vida, aquella o aquellas oraciones que fueron marcando momentos importantes en tu historia personal.

Tal vez tus padres, padrinos, abuelos, tíos, hermanos, profesores, u otros referentes, te enseñaron alguna oración que recuerdes.

Sería maravilloso que pudieras escribirla en tu diario y recordar aquellos momentos tan preciados.

2) La segunda parte del ejercicio girará alrededor de que distingas y escribas sobre aquellas situaciones en las cuales caíste en las debilidades propias del que busca la felicidad supersticiosamente.

¿Intentaste manejar a Dios de acuerdo a tus propios antojos?

¿Caíste es supersticiones que te esclavizaron?

¿En cuáles situaciones actuales sientes que le pides a Dios que te conceda tus deseos pero sin estar dispuesto a preguntar a Dios qué piensa al respecto?

Un ejemplo que ilustra la pregunta anterior...

Una chica nos comentó que le pedía a Dios con insistencia que su novio, que la había abandonado y se había ido con su mejor amiga, volviera con ella. Este deseo se había transformado en cierta obsesión durante su oración.

Tan apegada estaba a ese deseo que carecía de la libertad suficiente como para siquiera intentar preguntarle a Dios si tal deseo era bueno o no.

¿Te ha pasado alguna vez algo así?

Una vez finalizado el ejercicio nos volvemos a encontrar...

¡¡¡Bienvenido nuevamente!!!

¿Quieres ser más libre, y más feliz?...

Entonces te presentamos el siguiente paso.

¡¡¡Atrévete a pasar de grado...!!!

Capítulo VI

Segundo grado: intelectualización de la vida...

Hay momentos en la vida en que te comienzas a cuestionar por qué haces lo que haces.

Es como presionar un freno y detenerte para pensar de manera genérica o focalizada sobre las actividades que realizas a diario.

La mayoría de las personas en algún momento se detienen y se preguntan:

¿Por qué trabajo en lo que trabajo?

¿Por qué emprendí tal o cual carrera profesional?

¿Por qué vivo en este país determinado y no en otro?

¿Por qué convivo con tal persona?

Y así surgen otras muchas preguntas que enjuician el estilo de vida que mantienes a diario.

En la etapa anterior tal vez repetías acciones que otros te habían sugerido.

En el espacio de intimidad personal también repetías acciones, formas, u oraciones que otros habían inventado.

Y esto es muy bueno y necesario para dar ese paso de la primera etapa.

En esta etapa, en cambio, te detienes y comienzas a reflexionar sobre qué y para qué haces lo que haces.

Tal vez en la etapa anterior habían surgido cuestionamientos similares, pero de manera esporádica, en cambio ahora los interrogantes se hacen más cotidianos y te vuelves una persona más reflexiva.

Desde el punto de vista religioso éste es un gran salto.

Pasas de repetir una oración de agradeciendo o de petición o de perdón o una oración para solicitar algún favor a Dios, con un poco de modalidad mecánica propia de la etapa anterior, a esta etapa nueva en donde tendrás un estilo de oración más reflexivo en el cual intentarás sacar fruto a través del diálogo más personalizado con Dios.

Ahora sabes que Dios no sólo está presente en algún lado, sino que también escucha tu oración y te responde...

Pero ahora que a Dios le puedes expresar tus cosas, ¡necesitas también permitirte saber cuáles son los **gustos** de Dios!

Hasta aquí Dios sabe bien tus gustos, tus debilidades (oración de perdón), lo que supones que necesitas (oración de petición), lo que te agradó que te regalara (oración de acción de gracias), lo que otros seres queridos necesitan (oración de intercesión), y eso es ¡muy bueno!

Para dar un pasito más, hay también que dejar que Dios pueda hablar ¡un poco!, y saber cómo piensa, cuáles son sus gustos, y todo lo que quiera compartir contigo.

¡¡¡Es como si en una relación con un amigo no dejaras que el otro pueda pronunciar alguna palabra!!!

Si la relación continúa así, luego de un tiempo, sólo tu amigo conocerá lo que te pasa, pero ¡¡¡vos no tendrás ni idea de qué le sucede a él!!!

Con Dios puede llegar a sucederte lo mismo: si sólo hablas vos, Él no puede manifestarte su forma de "pensar".

¿Qué me dice Dios...?

En esta etapa es común aprender a "**escuchar**" y a "**meditar**" sobre Dios.

Es decir que es bueno leer o escuchar algo sobre Dios y después hacerlo propio meditándolo en tu interior.

Crecerás muchísimo en escucha y comenzarás a saber más sobre los gustos de Dios.

¿Qué me dicen otros...?

En el **aspecto psicológico** también esta etapa te hace crecer muchísimo.

Al Intensificar tu capacidad de escucha, mejorarás todo tipo de relación familiar, laboral, o comunitaria.

Discurrir (o sea, transitar de una idea a otra), es poder escuchar, hacer tuyo lo que escuchas, y desde allí responder.

Es notar la presencia del otro y tratar de entender lo que te quiere decir.

¡¡¡Le dije todo lo que pensaba de él...!!!

Escuchar a los otros es un magnífico adelanto.

Es muy diferente a la "**catarsis**" o la pura descarga, diciendo lo que piensas o sientes en cualquier momento o situación, sin tener en cuenta a la otra persona.

Algunos piensan que diciendo o compartiendo todos sus problemas mejoran su estado interior.

"Me descargué" argumentan, "Y ahora me siento más aliviado".

Pero frecuentemente no miden las consecuencias de este compartir. Tal vez esa "descarga" produjo efectos no deseables en otros.

En esta etapa, en cambio, comienzas a percibir al otro individuo, y las consecuencias de tus dichos.

Si continúas avanzando en esta etapa, notarás un crecimiento en la templanza y en la prudencia.

Pero veamos ahora qué pasa en esta etapa cuando te sientas para estar a solas con Dios y meditas su Palabra, es decir meditas los que te dice la Palabra y lo que ella significa en tu presente...

Los gustos de Dios no son los míos...

El hecho de meditar ayuda a ir conociendo los gustos de Dios, y esto también coopera para darte cuenta que los gustos propios, frecuentemente, no coinciden con los de Él.

Es, entonces, notar que ya no es un Dios hecho a medida, sino que tiene gustos suyos propios, ideas, y ¡propuestas personales!

Los gustos de los otros no son los míos...

Lo mismo sucede cuando aprendes a escuchar y comienzas a observar que quienes te rodean ¡¡¡tienen gustos propios y pensamientos diferentes a los tuyos!!!

Volver al perdón, o a los brazos del Padre...

Aquí puedes dar un salto enorme al distinguir los errores y lo alejado que están tus deseos personales de los ajenos o de los de Dios.

Tal vez decidas durante esta etapa acercarte al **Sacramento de la Reconciliación** (confesión), no ya como un mero ritual sino porque percibes que tu vida estaba alejada de los gustos de Dios.

Y ahora te invitamos a un ejercicio de oración.

Recógete de manera de permitir que el Señor moldee tu corazón, para vivir este momento tan importante, siendo dócil a sus inspiraciones.

Vuelca en la oración algo de lo que vienes aprendiendo hasta aquí.

Te compartimos un ejemplo de oración **espontánea**...

Ven, Espíritu de Dios, ven a mi encuentro. Quiero tener una fuerte experiencia personal de encuentro contigo.

Padre, Tú conoces mi corazón como para intervenir de la mejor manera. Permíteme contemplar este encuentro.

Si tienes una Biblia a mano podrás seguir los siguientes párrafos desde el Evangelio de San Lucas (Capítulo 15, versículos del 11 al 20).

También puedes imaginarte como si estuvieras en el lugar de "Hijo" y vivir así la experiencia de sentirte como el relato ilustra.

No leas el pasaje bíblico como un espectador sino que intenta colocarte en el lugar de cada personaje.

No temas quedarte saboreando algún momento del relato bíblico y detenerte todo el tiempo que sea necesario para vivirlo de manera profunda...

NARRADOR: Había un hombre que tenía dos hijos. El menor dijo a su padre:

HIJO: Dame la parte de la herencia que me corresponde.

NARRADOR: Y su padre repartió sus bienes entre los dos.
El hijo menor juntó todos sus haberes, y unos días después se fue a un país lejano.

Allí malgastó su dinero llevando una vida desordenada.

Cuando ya había gastado todo, sobrevino en aquella región una escasez grande y comenzó a pasar necesidad.

Fue a buscar trabajo y se puso al servicio de un habitante del lugar que lo envió a su campo a cuidar cerdos.

Hubiera deseado llenarse el estómago con la comida que daban a los cerdos, pero nadie le daba algo.

Finalmente recapacitó y se dijo:

Cuántos asalariados de mi padre tienen pan de sobra, mientras yo aquí me muero de hambre. Tengo que hacer algo...
Volveré a lo de mi padre y le diré: "Padre he pecado contra Dios y contra ti. Ya no merezco ser llamado hijo tuyo. Trátame como a uno de tus asalariados".

ORACIÓN: Dios Padre, Papá, Mi corazón latía pidiéndome a gritos este encuentro contigo.

Tengo sed y hambre, y hasta aquí llegué.

NARRADOR: Se levantó y se fue a lo de su Padre...
 Estaba aún lejos, cuando su **Padre lo vio, sintió compasión; y corrió a echarse a su cuello y lo besó...**

Ahora es tiempo de permitirte recibir el **abrazo** del **Padre**, y quedarte allí.

Si estás leyendo estas líneas, permítete dejar todo por unos minutos y vivir plenamente esta escena.

Siente el abrazo y quédate allí saboreando el encuentro con el Padre de los Cielos, tu Padre...

Luego de finalizado el ejercicio de oración nos volvemos a encontrar...

¡¡¡Bienvenido nuevamente!!!

En este clima de oración sigamos descubriendo este período de crecimiento personal...

Esta etapa es también más profunda porque involucra a toda tu persona.

De cualquier manera seguramente que estarás más atento al área de las ideas (la razón) que a la de los afectos o emociones (el corazón).

Por eso tal vez comiences a "hacer" lo que está bien a nivel de la razón, pero tal vez no puedes sentir la emoción correspondiente en tu interior.

Espiritualidad = Estudio, ideas,...

Por eso, como defecto, pudieras pensar que se trata de "estudiar" a los demás o a Dios. Así los vínculos humanos o la espiritualidad son tu objeto de estudio.

Ante tal actitud, la relación con otros o con Dios puede permanecer en el **nivel** puramente **intelectual**.

En este grado hay puedes llegar a **"saber"** cosas hermosas sobre Dios, pero tal vez no las puedes **vivir**, o no las puedes **"bajar"** a tus realidades cotidianas.

Tal vez sabes que realizar algunas tareas en la Iglesia es muy bueno, entonces emprendes obras y tratas de convencer a otros de hacerlo, pero el acento está más en el "hacer" que en el vivir "enamorado" de Dios.

Es como si fueras a un recital de música, te parece todo muy hermoso, pero te quedas mirando como espectador, y no bailas, ni cantas, ni aplaudes.

Algunos que se encuentran en esta etapa **"saben"** un montón sobre Dios, pero siguen tristes o melancólicos porque no se involucraron afectivamente con Él.

Tal vez en una cancha de fútbol expresan su alegría o tristeza, pero ante Dios sólo viven el aspecto intelectual o moral, y en las ceremonias religiosas no cantan, ni participan.

Pero hay otros que dan pasos concretos involucrándose con su Iglesia o hasta comenzando el seminario sacerdotal o un noviciado religioso, y sienten así que han dejado todo para seguir a Dios tomando rumbos vocacionales concretos.

Pero, como en todo vínculo, la cosa recién comienza y tendrás que involucrar lo afectivo para crecer en intimidad.

Es como casarte con alguien por las ideas que esa persona tiene o te aporta. Si la relación continuara sólo por estos motivos, ¡¡¡tarde o temprano tu pareja querrá una mayor implicancia afectiva tuya!!!

"De Dios nunca hay bastante" decía un gran santo.

Acción = Estudio, ideas,...

Desde el aspecto más psicológico, tal vez en esta etapa comenzarás a cuestionarte sobre diferentes situaciones de la vida pero, igualmente, te costará tomar acción luego de tales elucubraciones.

Es decir, tal vez te cuestionas sobre tu trabajo, y si es o no el adecuado, sobre tu pareja si es o no la adecuada, sobre tu agenda diaria, si es o no la necesaria, pero luego de tales cuestionamientos, no logras volcar en acciones concretas los razonamientos.

Es típico en esta etapa hablar sobre la economía del mundo o del país como si fueras un Premio Nobel del asunto, pero no logras armonizar tu propia economía casera.

Tal vez hablas un montón como si supieras, porque leíste muchos libros, sobre las relaciones familiares o sociales y qué hacer y qué decir, pero luego en tu vida personal te llevas mal con todo el mundo.

Tendrás que involucrarte mucho más interiormente si quieres avanzar.

Ejercicio...

Te invitamos a hacer un ejercicio de discurrir ideas y escribir en tu diario lo siguiente.

En el Evangelio de San Juan, el autor dice "**Dios es Amor...**"

¿Qué entiendes por esta frase?

¿Qué significa para vos esta afirmación?

¿Qué es el **Amor** según tus conceptos?

¿Quién es Dios según tus creencias?

Ahora profundicemos otras áreas de tu vida:

¿Por qué mantienes el trabajo actual?

¿Por qué tienes sueños o anhelos profundos que no terminas de concretar?

¿Por qué estas conviviendo con las personas que comparten tu vida cotidiana?

¿Por qué tienes dificultades vinculares que no terminas de resolver?

Una vez finalizado el ejercicio nos volvemos a encontrar...

¡¡¡Bienvenido nuevamente!!!

De repente, comienzas a involucrarte más en los afectos interiores y pasas al siguiente grado...

Capítulo VII
Tercer grado: la pasión aflora...

Si tiendes a reflexionar sobre tu vida, sobre el estilo de vida que llevas adelante, sobre la naturaleza de las acciones que emprendes, sobre las virtudes o dificultades que mantienes con los que te rodean, tarde o temprano puedes comenzar a percibir que como fruto de lo reflexionado comienzan a surgir emociones interiores que antes no percibías.

En tu relación con Dios, también puede suceder que comienzan a surgir afectos que antes no existían, y el vínculo con el Creador comienza a teñirse de emociones que transforman la relación en algo más personal e íntimo.

Dios comienza a peregrinar desde el área de las ideas a la zona protegida de tu corazón.

Así, por ejemplo, si meditas sobre un pasaje bíblico en el cual Dios sana a algún personaje, te das cuenta que también aparece la posibilidad de sanarte a ti.

Surgen desde allí emociones de agradecimiento que antes no existían. Puedes comenzar a vivir un texto bíblico con nueva profundidad.

Si algún personaje siente el amor de Dios, también comienzan a aflorar en tu interior los sentimientos o virtudes de piedad, adoración, alabanza que ese mismo personaje sentía.

¡Surgen las emociones que antes tal vez estaban más apagadas o reprimidas!

Tristezas, alegrías, arrepentimientos, gozos, y otras tantas.

¿Te das cuenta que en esta etapa hay una mayor implicancia que en el grado anterior, y el acento se pone más en el área de los afectos que en lo intelectual?

Durante esta etapa ya no son las nuevas **ideas** a lo que le prestarás mayor atención sino a tus **sentimientos** mas íntimos.

Es una etapa con mayor **fervor**, y por eso seguramente que contagiarás a los que están cerca.

Si te encuentras en esta etapa, te será más fácil distinguir una experiencia interior porque te traerá frutos de gozo y fervor.

Es frecuente que esta etapa dure años, y que durante ese tiempo intentes buscar a Dios en todo tipo de retiros, Misas, grupos de oración.

Pero, sobre todo, lo explorarás en aquellos lugares donde lo "sientas" con mayor claridad a Dios.

Te atraerán las Misas o celebraciones más fructuosas, o los grupos renovados en donde viven con mayor espontaneidad la alegría de la presencia de Dios.

Tendrás una espiritualidad más **vivencial**.

Le expresarás a Dios lo que sientes.

Por eso en los grupos de oración renovados podrás cantar, aplaudir, o ¡¡¡hasta bailar con mayor libertad!!!

También vives más las experiencias de perdón y los actos penitenciales.

Ya no percibes a un Dios tan lejano sino que su **presencia** está más cercana y experimentas su amor.

Puede tener en esta etapa experiencias profundas de **sanación interior**, notando cómo Dios actúa cicatrizando tus heridas del pasado y haciendo que los sentimientos y emociones, que surgían de esas heridas, cambien.

La sanación interior puede ser una experiencia tan rica, que tal vez vayas en búsqueda de los lugares donde se puede llegar a sanar, aún si tal lugar es del otro lado del planeta.

Si conoces a un Sacerdote o a un Laico que organiza encuentros de oración de sanación vas a buscarlo aunque quede a miles de kilómetros.

Detrás de esta tendencia hay algo hermoso que comienza a gestarse en tu corazón. Sabes que hay un Dios cercano, que te cuida, y ¡que quiere tu bien!

Conocemos un Sacerdote muy amigo, que está catalogado popularmente como "cura sanador".

Sabemos lo que lucha para aclararles a las personas que no es él quien cura o sana sino que es Dios mismo en su infinito amor. Pero muchas personas ante la alegría de la sanación interior o física, miran más al instrumento que al dador de tanto bien.

Por eso algunos se quedan en esta etapa toda la vida, y se quedan boyando en lo mágico o en lo llamativo pero no dan pasos para profundizar en la espiritualidad o en una relación con Dios mas madura.

Desde el **área más psicológica** también comienzas a expresar los afectos con mayor espontaneidad.

En lo laboral, por ejemplo, puedes comenzar a expresarte con mayor libertad ante situaciones que antes guardabas dentro de un esquema más reflexivo.

Tales expresiones pueden llegar a ser **desbordantes.**

Por ejemplo, algunos malestares interiores que habían sido tamizados por las resistencias propias de la intelectualización, ahora los exteriorizas con una fuerza inusitada, y pueden llegar a cobrar fuerzas de pasión desbordante, con expresiones de amenazas de renuncia laboral, o de confrontación con jefes o pares, o con otras formas de expresión similares.

Los afectos pueden encauzarse, pero generalmente primero traspasan los diques en los cuales estaban contenidos.

Tal desborde puede llegar a ser juzgado por vos, o por los que te rodean, como algo fuera de lo común o hasta temible.

También otros afectos más positivos como el amor o la confianza pueden llegar a expresarse de manera llamativa.

Por ejemplo, al amor lo puedes expresar con mayor elocuencia a través de abrazos, besos, cartas, poesías u otras formas semejantes.

Tal vez, en la etapa anterior al amor lo expresaba más con definiciones intelectuales, en cambio ahora lo demuestras con afectos que implican también el compromiso físico.

Visiones y revelaciones...

Si eres de las personas que se mueven dentro de los ambientes religiosos, como es una etapa de grandes movimientos interiores, puedes llegar a poner el acento en componentes **espectaculares**, tales como las visiones o las profecías que acontecen en diferentes lugares del mundo.

Algunas de ellas te acercan a Dios y te invitan a profundizar.

Por ejemplo, últimamente hay una aparición de la Virgen María a un grupo de jóvenes en Medjugorje, y en esa aparición la Virgen repite una y otra vez "Oren, oren, oren".

Nosotros añadimos: ¡¡¡ten al menos 15 minutos diarios de oración para crecer en intimidad con Dios!!!

Otras falsas profecías, por defecto o abuso, te incitan a entrar en la búsqueda de todo lo **"movilizante"**.

Teoterapia: sanos y santos

Algo así como la prensa amarilla de lo religioso. Y es aquí donde puede haber mucho fraude.

Revelaciones privadas que toman carácter de magia y te dicen qué hacer, cuándo, y lo que te va a suceder.

¡Siempre existe este tipo de trampa!, y si encuentras en esta etapa, y no tienes un buen acompañamiento, puedes caer fácilmente en ellas.

¡¡¡Digamos que eres el candidato especial para caer en ellas!!!

Entendemos porqué para algunas personas con formación muy intelectual, los grupos carismáticos o evangélicos son un poco temidos.

Es que notan que dentro de esos grupos está mezclado el que realmente está dando pasos de crecimiento inmenso y va hacia la santidad y también está el que busca solamente lo mágico o lo llamativo.

Lamentablemente muchos sacerdotes o personas muy formadas intelectivamente, por querer sacar la paja cortan el trigo, y se colocan en contra de todo lo que sea "carismático" o de "piedad popular", sin notar que también ellos mismos necesitan atravesar la experiencia afectiva si quieren dar verdaderos pasos hacia la vida de mayor profundidad espiritual.

La vida de oración profunda y contemplativa supone un alma bien **libre** y **dócil**.

Por eso esta etapa te ayudará a liberarte y a crecer en docilidad.

Si estás muy apegado al qué dirán, a la opinión de los otros, o al querer agradar a todo el mundo, aún en contra del llamado vocacional, no podrás alcanzar las etapas posteriores.

Pero en esta etapa está todo mezclado...

"Es bueno porque así lo siento yo..."

Vivimos en una época en donde la búsqueda de lo "afectivo" puede atentar en contra de los pasos de perseverancia.

Tal vez hubo decisiones que han sido prudentemente tomadas pero como después suelen apagarse los sentimientos iniciales, entonces ¡¡¡esas decisiones corren peligro!!!

"Si no lo siento no lo hago" se repite a diario en todos lados. "Sólo hago las cosas si las siento" afirman hoy en día muchísimas personas.

Algo así se sospecha en la tendencia posmoderna.

Se exalta tanto el "sentir" que si se siente que está bien lo que se hace, entonces se realiza.

En esta etapa puedes llegar a confundir tu propio gusto con los gustos de Dios. Puedes llegar a confundir el "**bien**" por lo que sientes como "**gustoso**".

Muchos libros hablan actualmente de esta tendencia, y se confunde "sentir" con "bien", permitiendo cualquier exageración mientras uno lo "sienta".

"Si a mí me gusta entonces es bueno"

¡¡¡¡Cuantas historias de infidelidad comenzaron así!!!!

¡¡¡Cuantas parejas o familias enteras destruidas por estas falsas ideas!!!

Cuantas personas que van detrás de cualquier vicio, sólo porque a ellos les "gusta" algo, sin medir las consecuencias físicas, psíquicas o espirituales.

Y así tampoco se miden los daños que tales conductas pueden causar sobre los terceros.

Dicen: Dios va a "aprobar" lo que a mí me "gusta".

En esta etapa se puede correr con estos peligros.

Todavía la espiritualidad está muy enraizada en algo exterior, como en el nivel del sentimiento, y se focaliza más en los sentimientos personales que en los gustos de Dios.

Por eso tal vez comiences por hacer tareas importantes dentro de los grupos o comunidades, pero sólo mientras te "sientas bien".

Si se presenta alguna dificultad, entonces comenzarás a buscar otro lugar, otra comunidad, otra pareja, otro trabajo, donde sentirte mejor.

Como priorizas el nivel del sentimiento, Dios puede llegar a ser una simple "energía positiva" en este grado, es decir que no es alguien que tiene criterios bien definidos y que pueden estar totalmente en contra de tus motivaciones.

Las otras personas son tomadas también como quienes seguramente van a "aprobar" tus acciones porque así lo sientes.

¡¡¡El problema surge cuando **no** te "**aprueban**" tus gustos personales...!!!

¿Obedecer a otros o a Dios?...

¡Ni hablar de la obediencia!

Si percibes a Dios como "amor", es decir que te quiere, es difícil concebir que te presione con aspectos morales. Más bien lo percibirás como un Dios bonachón, que no pone límites, y que acepta cualquier cosa.

Por eso en esta etapa es difícil digerir que Dios corrija al que ama, y también es poco probable entender todavía la dimensión mística del dolor o del sufrimiento.

El sufrimiento o dolor pudiera parecer locura o masoquismo.

Se podría caer así en un defecto que podría perdurar mucho tiempo y obstaculizar en gran medida el crecimiento interior.

Porque en última instancia se cree, en parte, que un episodio de sufrimiento es en parte culpa de Dios, o que es una maldición que Él mismo envió.

Luego se verá con mayor nitidez que Dios no quiere que suframos y por eso nos ayuda a atravesar las circunstancias más dolorosas de nuestra vida con mayor paz y con mayor entereza.

Pero por ahora en esta etapa todavía no está del todo comprometido el cambio interior.

Seguir a Dios sí, pero siempre y cuando marche de acuerdo con los gustos personales.

Continuamos en la Iglesia, Parroquia, o en la Comunidad, ¡¡¡si las autoridades están de acuerdo con todo lo que hacemos y no nos corrigen!!!

En el trabajo por ejemplo también los jefes deberían aprobar todo lo que nosotros entendemos como gustoso, y si no: "chau, trabajo".

Es una etapa en que tampoco se acepta de buen grado la **corrección fraterna**.

En esta etapa se escuchan frases como las siguientes:

"¡Que me acepten como soy!".

Este momento espiritual inunda todas tus realidades.

De la misma manera en que vives el vínculo con Dios puedes también llegar a vivir los vínculos conyugales, laborales, comunitarios.

Por eso hay algunos que deciden buscar todo lo que **"sienten"**, y se abstienen de seguir cualquier camino que sea por **"obligación"**.

Al meditar algún pasaje bíblico, puedes llegar a acentuar algunos versículos acordes con las elaboraciones propias, pero otras partes del texto, a las cuales tu sistema de creencias interior todavía no adhiere, permanecen opacas al entendimiento.

Es decir que la **moral** pareciera estar distante de lo **"gustoso"**.

Por ejemplo al leer el pasaje de la Biblia en el cual vienen unas personas hacia Jesús acusando a una mujer sorprendida en un acto de adulterio, tal vez focalizas cuando Jesús no acusa a la mujer adúltera y le dice "Yo tampoco te condeno", pero se te pasa por alto la última parte del texto que dice ¡"Vete y no peques más"!

Pero fuera de estas limitaciones, que por supuesto no están en todos los que atraviesan esta etapa, es un momento en donde se puede definir una vida de entrega seria a Dios.

Las consolaciones o gracias fuertes, en el nivel del sentimiento, que se experimentan durante esta etapa, preparan tu alma para enamorarte más y más de Dios.

También ayudan para que aprendas a decidirte a tener una vida más perseverante en el camino espiritual.

Dios mismo fue actuando en tu interior y aprovechó para sanarte lo suficiente como para seguir adelante.

Pero contemplemos juntos la idea de sanación interior...

Sanación interior...

Supongamos que deseas ir al psicólogo para elaborar algo de tu vida interior.

De repente, mientras te diriges al consultorio comienzas a sentir un fuerte dolor de muela.

Es muy difícil que en ese estado puedas procesar algo.

Tendrás que calmar el dolor y luego sí podrás continuar con el proceso terapéutico.

De manera similar suele suceder en el camino espiritual.

Primero tendrás que sanar suficientemente las heridas pasadas, para luego sí poder **"remar mar adentro"** en el interior del alma.

Muchos quieren llegar a la vida de mayor profundidad contemplativa sin pasar por esta etapa y eso es muy difícil.

Otros quieren una y otra vez **continuar** experimentando la sanación de diferentes situaciones y **no** se **permiten** seguir **adelante**.

La sanación interior puede llegar a resultar una idea **mágica**.

Algunos viven esta experiencia como una oración en la cual se sienten "emocionados" y terminan llorando a mares.

Tal experiencia luego es percibida como una "sanación".

Que nos emocionemos o que lloremos por alguna oración no significa que hayamos sanado.

La verdad es que la **sanación interior**, lo mismo que la **física**, se discierne por los **frutos**.

Dios mismo, igual que hace 2000 años, y más también, sigue sanando y compartiendo con nosotros sus tesoros.

Formas de sanación interior...

Hay dos grandes experiencias frecuentes de oración de sanación interior.

Una forma es ir **recorriendo las etapas de tu vida**, deteniéndote en aquellas circunstancias dolorosas.

Aquella situación dolorosa del pasado ahora puedes llegar a percibirla **con la presencia de Jesús.**

Jesús va irradiando su amor y contención desde su Figura, con su presencia en cada momento de tu vida.

Esa presencia hace que el recuerdo cambie, y poco a poco se convierta en una experiencia menos dolorosa y más inundada de paz.

Este modelo de oración, y de experiencia, es el que profundizan los hermanos Lynn en un libro que se llama "Sanando las ocho etapas de la vida". Es un libro maravilloso y que ha dado innumerables frutos.

Otra forma, en la que nos vamos a detener nosotros, es aquella en donde de tanto contemplar a Dios Padre, o al Hijo, o al Espíritu Santo (Santísima Trinidad), quedamos más y más abarcados por Él, no ya por fuerza propia, sino por pura gracia.
Es algo así como una **"Transfiguración"**...

Hacia la Transfiguración...

Aprendizaje Transgeneracional...
Seguramente cuando eras niño observabas a tus modelos, tus padres o a aquellas personas que cumplieron esos roles. Así ciertamente que fuiste copiando formas, modos comunicacionales, gestos, creencias, y formas de ver y de percibir al mundo.
Todos esos referentes dejaron huellas en tu interior.

Muchos de estos comportamientos o sistemas de creencias que fuiste heredando de tu ambiente familiar parecieran por momentos haber sido una herencia genética.
Es decir que parecieran haberse transmitido por los genes.

"Tengo la personalidad de mamá o de papá, debo haber recibido la personalidad por transmisión genética"
"Soy tan ansioso como mi abuelo..."
¡Tengo miedos como mi tía...!

Y así, la mayoría de las personas muchas veces cree que heredó genéticamente comportamientos o personalidades. Nosotros creemos que esos comportamientos se fueron formando en el seno familiar, es decir se "aprendieron".

La apariencia física se hereda, pero los gestos y las creencias se aprenden.
Posiblemente, ya de adultos, alguien nos diga: ¡¡¡qué parecido que estás a tu papá!!!
¡Tan es así que hasta incorporamos también muchos de sus defectos o vicios!

Si hubo conductas comunicacionales violentas en tu familia de origen, posiblemente repitas estas actitudes en tu familia actual.

Estas tendencias se transmiten de generación en generación, y observarás cómo, si no hay un corte (sanación) de esas conductas, se repetirán una y otra vez dentro de tu familia.

Así es fácil comprender por qué las personas frecuentemente tratan a sus hijos de la misma manera que sus padres los trataron a ellos.

Posiblemente también las formas en que se comunican con la pareja se asemejan a las de la relación que tenían sus padres.

Es muy bueno que contemples estos modos transgeneracionales para orar por un **corte**.

Hay veces donde los modelos de hombre y mujer dentro de tu familia están distorsionados. Tal vez creas que hay que ser un hombre dominador y violento, o hay que ser una mujer sumisa.

Y cuando pretendas cambiar estos modelos de conductas, seguramente que encontrarás resistencias en la propia familia.

Por otro lado seguramente que también habrás aprendido muchísimas creencias y conductas valiosas en tu familia de origen.

Así también te puede llegar a suceder en el vínculo con Dios como vimos en los ejemplos anteriores.

Contemplar a Dios significa ir **aprendiendo** de su
forma de pensar, de actuar, de sentir,
así como lo aprendimos de padres y abuelos.
Por eso, todo esfuerzo que hagamos en contemplarlo,
tarde o temprano dará como frutos que haremos
como propio Su modo de ser, de pensar, de actuar.

Carencia afectiva...

Muchos de tus sufrimientos actuales se deben a alguna **carencia afectiva** que hubo en tu niñez. Las necesidades que no fueron satisfechas en su momento, de alguna manera en la adultez, buscarás obtenerlas.

Podrías llegar entonces a una carrera de consumos y compras de artículos de todo tipo, que tratan de llenar ese vacío interior.

Muchos sueñan con un auto mejor, con una casa más grande o más linda, con ropa de moda, y -sea lo que fuere- una vez que lo adquirieron, ya dicho artículo no les satisface como esperaban, y segundos más tarde persiguen otro objeto nuevo.

Esclavitudes...

Pareciera que nada logra satisfacer esa herida o vacío interior.

Algunos van por los ascensos sociales o laborales.

Otros tratan de apegarse a otras personas y se esclavizan a relaciones pasionales enfermas.

Otros ingresan a sectas en donde aparentemente, en un clima de fuerte contenido emocional, se busca llenar ese vacío.

Otros se refugian en toda clase de adicciones, en donde el estímulo externo (alcohol, drogas, cigarrillo) cambia los estados emocionales interiores y permiten evadir, al menos por unos instantes, el vacío existencial, pero al precio de la propia vida y de los vínculos familiares, laborales, o sociales.

Pensemos en el alcoholismo, que se inserta en casi todas las sociedades y termina por destruir a personas, a familias y a grupos. Todo por una angustia interior que no encuentra objeto.

Querido amigo, ¿te ha pasado atravesar por alguna de estas esclavitudes?

Fíjate si hay en tu historia personal momentos que requieren de una fuerte sanación interior.

Fíjate también si en tu familia no se han ido transmitiendo códigos de comportamientos que hoy, a la luz de lo que te vamos compartiendo, los juzgas como violentos o dañinos.

Quien crece espiritualmente camina ensanchando su espacio interior, por lo cual está más atento para no caer en patologías como éstas.

Si perseveras en el encuentro cotidiano con Dios irás llenando esos vacíos y ya no necesitarás de factores externos para alcanzar la plenitud.

¡¡¡Esa plenitud está en tu mismísimo interior!!!

¡¡¡"Solo Dios basta", decía una santa!!!

Pero veamos también un poco más sobre las influencias que no vienen de nuestro círculo más íntimo sino de ambientes más amplios.

Influencia social...

Todo vínculo con alguien es una influencia mutua.

"Toda comunicación es influencia", sostienen los terapeutas sistémicos.

En una relación, un individuo **influye** sobre el otro y viceversa.

Si dos personas se encuentran en una conversación, siempre habrá influencia recíproca.

Pero veamos algo más sobre la comunicación humana que te puede ayudar a dar pasos...

"Es imposible no comunicarse", sostiene un principio de la comunicación humana. ¡¡¡Hasta los silencios son comunicación!!!

Por eso, en el vínculo personal con Dios y con las personas, se influye el uno sobre el otro, con la diferencia de que, mientras en los vínculos humanos hay influencia mutua, en la relación con Dios, **Dios es inmutable.**

Es decir que Dios influye más y más sobre vos en la medida en que estés disponible a comunicarte con Él, ¡aunque parezca que muchas veces Dios estuviera en silencio!

Fíjate si alguna vez has intentado quedarte callado en alguna reunión para no discutir con alguien, y sin embargo tu silencio también fue tenido en cuenta.

Los maridos sabemos, muchas veces, que escuchar a nuestras esposas, sin decir nada, es un acto de amor inmenso que luego es tenido en cuenta como un fuerte acto de intimidad y de amor.

Ellas se sienten "escuchadas" y contenidas, ¡¡¡sobre todo cuando no emitimos opinión sobre lo que acabamos de escuchar!!!

¡¡¡Frecuentemente al abrir la boca la embarramos!!!

Cambio de identidad...

Siempre habrá algo o alguien que te influya.

Las grandes empresas gastan fortunas en publicidades para tratar de influir en tu vida.

Pero hay un tipo de influencia que es más nociva, y es toda aquella que pretende cambiar tu identidad sin que te des cuenta.

Veamos cómo sucede un ejemplo de cambio de identidad...

Durante la guerra fría del siglo pasado, los americanos descubrieron que algunos héroes militares estaban ayudando al enemigo luego de haber caído prisioneros.

Antes de desesperarse por esta información, trataron de investigar lo sucedido. Descubrieron entonces que el enemigo había hecho un proceso de **cambio de identidad** en estos militares, casi sin utilizar torturas.

Algunos llaman a ese proceso un "lavado de cerebro".
Cuando toquemos el tema de las sectas te explicaremos cómo sucede.
El ser humano defiende su identidad con uñas y dientes, ¡¡¡aunque esta identidad sea negativa!!!.
Así vemos ejemplos de niños a los que se los llama "el gordo", y ellos mismos defienden esta identidad más allá de lo negativa que sea. Si alguna vez logran adelgazar, tal vez sienten nostalgia de su antigua identidad.
Es que **no tener identidad** significa **no ser nadie**, y esto es lo peor que puede sucederle a una persona.
¡Por más ridículo que parezca, desde lo psicológico pareciera que valiera más una identidad negativa que no tener identidad!.

Las Sectas...

Así sucede con las sectas.
Primero se recrea un clima de fuerte tono afectivo, que reproduce el ambiente afectivo de la primera infancia en donde se forma la identidad del hombre.
Luego se comienza a transformar la realidad actual de la persona, haciendo un corte en su biografía. Intentan romper con el pasado de la persona generando así una nueva identidad que va de acuerdo con el nuevo grupo social.
Muchos dicen: "en este grupo nací de nuevo", "mi vida comenzó cuando conocí a esta gente".
Para peor, ¡¡¡cuando vuelven a su casa descubren que tienen a toda la familia en su contra!!!
La familia, con esta actitud expulsiva, refuerzan su nueva identidad logrando separarlo más y más del circulo familiar.
A este proceso de cambio de identidad se le llama, dentro de la Psicología Social: "**Alternación**".

En la niñez se forma la identidad. Es un proceso de identificación con nuestros mayores con un fuerte contenido de supervivencia.

El niño trata de agradar a sus padres y hermanos mayores, sabiendo que en este "agradar" se está jugando su propia existencia. A esto se le llama "**socialización primaria**".

Te puedes imaginar a un niño de cinco años que se rebele y diga ¡¡¡"no quiero ser como ustedes"!!!

Luego va a la escuela al día siguiente y les dice a sus maestros: ¡¡¡"no quiero ser de esta cultura"!!!

Difícil ¿verdad?

Queramos o no, atravesamos un proceso de socialización en donde si no agradamos ¡¡¡estamos fritos!!!

Después viene la "**socialización secundaria**".

Esta ya es un proceso de elección y de influencia social que se pone en juego durante la selección de una carrera, profesión o trabajo.

Allí también hay mucha influencia pero ya no está puesta en juego nuestra supervivencia. ¡¡¡Si no agradamos nos expulsan!!!, quedamos solos y aislados, y la indiferencia de los demás puede aterrarnos pero no es tan peligrosa como cuando somos unos niños.

De cualquier manera los seres humanos necesitamos de la sociedad.

Miles de años atrás, si no se formaba un grupo para compartir la caza y algunas otras actividades de supervivencia era muy difícil sobrevivir. Tal vez nos haya quedado ese temor a estar aislados o a no agradar desde esos tiempos remotos y, muchas veces, intentamos por todos los medios agradar a los demás para que nos acepten.

En los 26 audios que hicimos sobre el <u>*"Taller Para Caminar hacia la Libertad"*</u>, cuando abordamos el área de la afectividad y los vínculos, trabajamos con mayor profundidad sobre las esclavitudes afectivas que muchas veces nos paraliza.

Estos audios puedes adquirirlos escribiéndonos a toioines2@yahoo.com.ar

Al final de este libro te hablaremos más sobre estos audios y también sobre otros libros que escribimos.

Siendo hijos...

Pero volviendo a nuestro tema de la influencia social, podemos observar cómo, a lo largo de nuestra historia personal, posiblemente nos fuimos alejando de nuestra identidad de "hijos de Dios".

Tal vez algunos refuerzos negativos de tu ambiente, o sufrimientos pasajeros han hecho que dudaras de esta identidad.

Si fueras hijo de Dios, entonces... ¿por qué Dios Padre permite que sufras?

Si te quiere, entonces, ¿por qué permite tu dolor o tu fracaso?

Preguntas de este tipo han hecho dudar de la identidad de hijos de Dios a grandes **profetas** del pasado, pero el haber encontrado la respuesta los hizo propietarios del mejor de los **tesoros**.

Veamos entonces algunas respuestas que ellos encontraron.

Cuando un corazón se permite llenar con el amor de Dios, cualquier sufrimiento es tolerado. Entonces no hay sufrimiento que pueda quitar ese gozo interior.

Ni la muerte, ni las persecuciones, ni las críticas, ni la indiferencia, ni el fracaso, pueden quitar esa alegría.

A sus más íntimos, ¡Dios mismo les dio la respuesta en forma de Bienaventuranza!

Es decir que les hizo vivenciar la alegría de Su presencia en el interior de sí mismos, más allá de cualquier sufrimiento externo.

Esta experiencia de alegría interior suele darse en aquellos que perseveran en el trato cotidiano con Dios.

Si vos llegas a perseverar en la oración diaria, pronto percibirás esto que te contamos.

Son **anticipos del Cielo** que dan respuestas a estos interrogantes sobre el sufrimiento.

Por ahora quisiéramos recalcar que cuando comiences a establecer una relación cotidiana con Dios, Él mismo te restablece en la verdadera identidad de ser su hijo.

¡¡¡Y los hijos no son esclavos!!!

Otras doctrinas o ideologías, a veces muy lógicas, nos apartan de esta realidad y terminamos finalmente siendo esclavos de aquellas ideas. La identidad de "hijos" nos hace **libres** de muchas **esclavitudes**.

Durante esta etapa más pasional, Dios te va sanando y haciendo más y más su hijo.

Por eso comenzarás a sentir una alegría interior indescriptible al descubrir la antigua identidad de hijo, como si fuera nueva.

La sanación interior puede comenzar en esta etapa con mayor profundidad, pero se continúa en etapas posteriores aunque con otros matices.

¡Y si eres fiel y perseverantes a tu momento de intimidad cotidiana podrás seguramente vislumbrar algunos de esos tesoros...!

Ejercicio...

Te invitamos ahora a experimentar un momento que sea característico de esta etapa.

Luego de acomodarte y asumir la postura corporal que experimentes como adecuada, puedes releer algún pasaje bíblico que te ayude en este momento, como por ejemplo:

Efesios 1,3-5

"Bendito sea Dios y Padre de nuestro Señor Jesucristo, que nos ha bendecido con toda clase de bendiciones espirituales, en los cielos, en Cristo, por cuanto nos ha elegido en Él antes de la fundación del mundo, para ser santos e inmaculados en su presencia, en el amor; eligiéndonos de antemano para ser sus hijos adoptivos por medio de Jesucristo, según el beneplácito de su voluntad".

Luego medita la lectura hasta que alguna palabra te resuene con mayor fuerza en tu interior.

Detente allí y saboréala hasta que broten de tu interior los sentimientos de alegría, o algún llanto de consuelo, o un sentimiento de paz.

Si quieres, puedes cantar alguna canción o tararear una melodía.

Si eres todavía más libre interiormente, ¡hasta tal vez te animes a bailar!

No te prives de expresarte con total libertad y espontaneidad ante Dios, que se alegra con tu alegría.

Quédate allí por unos minutos y luego vuelve a la lectura.

Una vez finalizado el momento de intimidad con Dios...

Si te parece, te proponemos ahora escribir tu experiencia en el diario espiritual.

Es importantísimo aprender a percibir los frutos de cada momento de encuentro con Dios.

Luego de haber escrito esos frutos en tu cuaderno nos volvemos a encontrar...

¡Bienvenido nuevamente!.

Este tipo de oración es un salto enorme en el camino de crecimiento espiritual.

Veamos un ejemplo:

Imaginemos que alguien supiera un montón sobre la palabra "amor".
Imaginemos que tal persona conoce las acepciones de la palabra en latín, en griego, o en otros idiomas. Imaginemos que dicha persona enseña y da cátedra sobre la palabra "amor" a diferentes auditorios.

Hasta aquí esa persona pudiera ser alguien que vive claramente la etapa de la intelectualización.

Pero en esta etapa que nos encontramos describiendo ahora se sumaría entonces la experiencia de estar **"enamorado"**.

Es decir, estar "enamorado" es más que sólo **saber** sobre la palabra "amor".

Esta **experiencia** del amor de Dios puede llegar a transformar para siempre a la persona.

¡¡¡Esta experiencia del amor de Dios puede llegar a transformar **tu** vida para siempre!!!

Por eso ahora déjate inundar por la experiencia...

Pero todavía falta mucho camino por recorrer.

Si perseveras en el camino de intimidad con Dios seguramente pasarás, luego de algún tiempo, a la siguiente etapa...

CAPÍTULO VIII

Cuarto grado: ¡Sssshhh!, déjame escuchar el silencio...

Una vez que comiences a poner en juego los sentimientos en la relación con Dios y con las demás personas, notarás que con frecuencia, en algunas oportunidades, ¡¡¡no te hará falta hablar tanto!!!

Cuando se está con la persona que amamos, hay veces que nos podemos quedar un largo rato saboreando un "**te amo**".

Esta experiencia en la **vida social** es riquísima porque nos ayuda a percibir lo "lleno" de los silencios, y también a distinguir la riqueza de los vínculos en donde se excede ampliamente la dimensión de las palabras.

Las relaciones con amigos o con quienes amamos son mucho más que las palabras que se dicen unos a otros.

En la **dimensión espiritual**, esta experiencia es la antesala de la **vida contemplativa**.

Es una hermosa etapa caracterizada por sus atributos de intimidad que se profundizan más desde el grado anterior.

Comenzarás a experimentar en esta etapa los **silencios fecundos**.

En **diferentes áreas de la vida** también alcanzarás momentos de fecundidad en el silencio.

Tal vez te suceda que busques los espacios de intimidad en las relaciones humanas, más alejados del bullicio habitual.

En el vínculo con Dios aparece el silencio como una poesía que acaricia al corazón templado...

¡Sí, Señor allí estás, tan cerca!, tan majestuoso, y nada de lo que se pueda decir describe Tu hermosura.

Mis necesidades no pueden opacar esta intimidad contigo.

Sediento estoy de Ti, y comienzas a darme de beber de tu fuente de paz en aguas tranquilas.

Déjame contemplarte acallando mi voz...

Déjate llevar por oraciones como ésta y distingue cómo surgen movimientos interiores de adoración profunda.

Frases como "Señor mío y Dios mío" o "Jesús, Hijo de David, ten piedad de mí", pueden ser suficientes para estar horas o días repitiéndolas en tu interior.

Diagnóstico sobre tu vida...

Al atravesar las etapas anteriores era frecuente buscar **reflexionar** cada aspecto de la vida o buscar grandes movimientos interiores **sensibles**.

En cambio ahora, durante esta etapa, el alma comienza a deleitarse con la **presencia** de Dios sin estos apoyos.

Posiblemente durante este período la vida cotidiana también presente mayor templanza y equilibrio interior.

Se puede observar una mayor madurez en toda la persona, presentando un considerable equilibrio interior.

Es decir que la persona más madura, espiritualmente hablando, no es una persona que reacciona rápidamente a la influencia de los sentimientos pasajeros o a las reflexiones intelectuales, sino que comienza a crecer más en lo recóndito, movido por la voluntad que quiere unirse a Dios.

Por eso, si perseveras en el crecimiento en la vida interior es posible que notes esta madurez de la cual estamos hablando.

Crecimiento y errores capitales en tu mismísimo interior...

Pero este crecimiento considerable, ¡puede jugar una mala pasada y transformarse en **soberbia**!

Puede convertirse en una sensación de haber llegado a la cumbre del crecimiento espiritual.

¡"Lo sé todo y ya no necesito de nadie y de nada más"!

Si llegaste hasta aquí, te puede asaltar esta gran tentación de pensar que llegaste a las cumbres.

También te puede llegar a suceder que generes algunos roces en los vínculos comunitarios, porque no aceptes las correcciones fraternas de buen grado.

Quien cree que lo sabe todo o que llegó a lo máximos ¡¡¡tiene dificultades para aceptar correcciones!!! Se cree un "superado".

Tal es el crecimiento, y tan visible, que su sombra puede oscurecer la existencia de las grandes **miserias** que cohabitan todavía en el **interior** de tu alma.

Puedo tal vez reparar en el crecimiento y en el equilibrio que mantengo en mi interior, y en los grandes pasos que di a lo largo de los años, pero todavía no he llegado a ver la miseria que todavía mantengo escondida en mi interior y que no he podido extirpar.

Ha habido un largo caminar de lucha por vencer las debilidades, y esto ha sido con mucho esfuerzo ascético personal.

Este esfuerzo suele situar a la persona en un lugar de voluntarismo propio, y supone que el crecimiento interior depende casi exclusivamente de su iniciativa.

Tan es así, que aconseja a todo el mundo vencer a fuerza de voluntad todas las debilidades.

Ha aprendido a esforzarse, hasta con ayunos y largas oraciones, para vencer sus pasiones, o con grandes sacrificios laborales o familiares, y quiere enseñar ese caminar a todos.

Pareciera que nada hay que no pueda ser vencido con el esfuerzo personal.

"Hagan como Yo", dice la persona.

Se coloca así como modelo, y esto tal vez irrita más a los que lo rodean que todavía ven que tiene muchísimos defectos.

En parte quien llegó hasta aquí **tiene razón**, porque ha logrado muchísimo con la perseverancia en su espacio de intimidad diaria, en la vida espiritual o en los vínculos sociales.

Tal vez hasta ha llegado a ser un **líder** en los grupos laborales, sociales o religiosos.

Pero el resto de los mortales ven todavía más en él sus defectos, debilidades e imperfecciones, que los que puede ver la misma persona.

Pero de cualquier manera, más allá de este defecto, quien se encuentra en esta etapa ha logrado crecer de manera agigantada en virtudes…

¡¡¡Por eso ahora déjanos hacer un paréntesis y compartirte algo fenomenal!!!

Las riendas de nuestra vida...

Quisiéramos querido amigo compartirte algo importantísimo para que conozcas la forma en que todos nosotros solemos frecuentemente tomar decisiones.

Este conocimiento puede llevarte a cambiar, de ahora en más, la forma de **decidir** en tu vida.

Veamos juntos cómo este sendero interior, que fuimos recorriendo en estos primeros cuatro grados, tiene dos riendas que generalmente conducen la vida.

Nos referimos a las "riendas" que se utilizan para los caballos. Aquellas que guían su caminar.

Hay dos movimientos interiores que guían casi **todos** los **comportamientos** humanos, y se llaman: el **horror** al **sufrimiento** y la **búsqueda** de **placer**.

Pero estas riendas, llamativamente, nos pueden conducir derechito y sin paradas hacia inclinaciones desordenadas que nos esclavizan y nos privan de crecer en el camino interior.

Si nos fijamos detalladamente, casi todas las acciones que emprendemos en esta vida están guiadas por ambas tutelas.

Hasta la persona que se suicida, y acaba con su vida, está huyendo del sufrimiento, por no poder tolerar más semejante dolor o por intentar desesperadamente buscar algo mejor.

Usualmente nos conformamos con buscar lo menos malo.

O tal vez nos conformamos con buscar placeres fugaces.

Piensa que casi todos los tipos de adicciones tienen en parte este mecanismo.

Pero este "Yugo" de las riendas es muy pesado y termina por aplastarnos. Otras veces nos introduce en una carrera desesperada por buscar el placer humano.

Luego, el placer es tan efímero y tan pasajero que se nos escapa antes de llegar a él.

Otras veces por huir desesperadamente del sufrimiento, sin notar, nos involucramos más y más en él.

Por eso veamos ahora unas nuevas **"riendas"** o **"Yugos"** mucho más "livianas y ligeras" de llevar.

Estos dos nuevos movimientos que te vamos a presentar hoy, son **propuestas** que te pueden hacer crecer a pasos enormes en el sendero interior, si sabes reconocerlos y dejar que te guíen con sus consejos.

Veamos estos dos movimientos que nos aclaró un sabio Jesuita, San Ignacio de Loyola, que vivió hace varios siglos pero que su doctrina sigue siendo siempre actual.

Una rienda se llama "Consolación"...

La **Consolación** es una experiencia de percepción de los consuelos del alma.

No la confundas con cualquier gusto pasajero. Si te comes un helado de chocolate riquísimo, ¡¡¡eso no es una consolación!!!

Este movimiento espiritual tiene que ver con la **presencia** de Dios que actúa en tu alma.

Es desde ese lugar que puedes secundar esa gracia descubriendo las cosas que han ayudado para recibirla.

La otra rienda se llama "Desolación"...

La **Desolación** es justamente la falta de percepción de consuelos.

Dicha experiencia puede empujarnos a la angustia, a la ansiedad, a los "nervios" o a la agresividad.

Porque es muy fácil estar de buen humor cuando estamos consolados. Y es muy difícil mantener los estados de ánimo positivos cuando estamos desolados.

En dicha experiencia podrás distinguir, con la práctica, los siguientes movimientos interiores:

- ❖ obsesiones,
- ❖ compulsiones,
- ❖ depresión,
- ❖ falta de memoria,
- ❖ ansiedad,
- ❖ stress,
- ❖ amargura,
- ❖ tristeza,
- ❖ fuertes tentaciones físicas como la gula.
- ❖ fuertes tentaciones afectivas como la ira.
- ❖ fuertes tentaciones intelectivas como la desesperanza,
- ❖ fuertes tentaciones en la voluntad como el sentirte víctima de todo en el mundo,

Saber discernir estos dos movimientos interiores, desolación y consolación, y descubrir las causas que los provocan, es una tarea que te puede ayudar muchísimo para tu salud psíquica.

Ambos movimientos influyen sobre los estados de ánimo...

Es decir, que si experimentamos un estado depresivo, puedes tratar de buscar la secuencia previa de pensamientos que determinaron este estado, o la forma en que sucedió el mecanismo interior para llegar a ese momento.

A su vez, puedes aprender sobre los mecanismos que te llevaron a estados de consolación, para así saber qué situaciones te ayudaron.

Una vez que aprendas más sobre tus "mociones interiores" (movimientos) es más fácil poder intervenir en ellas tanto para secundar las Consolaciones, como para inmiscuirte en las Desolaciones y poder aceptarlas o superarlas.

Pero ¿qué son las "mociones"...?

Las mociones interiores son como vientos íntimos que te empujan.

Saber de dónde vienen y hacia dónde te llevan es una tarea que te ayudará a tomar el timón y llevar el rumbo del barco más controladamente, alcanzando el puerto al cual quieres arribar.

¡¡¡A algún puerto arribarás!!!, el tema es si coincide con el que anhelas o con el que Dios sueña para vos.

Estar a la deriva, sin saber qué viento se aproxima, es vivir en un mundo de incertidumbre, de impulsividades, de reacción, y sin capacidad de decisión.

Estar en un mundo de constantes bombardeos de estímulos externos no te ayuda a centrarte en lo interior.

Por eso, todo esfuerzo que hagas por conocerte, acrecienta las posibilidades de aferrarte al verdadero timón de tu vida.

Y el **timón** de tu vida justamente **no** se ubica en la **superficie**.

¿Cómo somos...?

¿Alguna vez te preguntaste cómo eres interiormente?

Si acudes a un **médico** para que te responda a esta pregunta, te hablará sobre los diferentes órganos, y cómo se relacionan entre sí.

Te nombrará todo tipo de órganos y te "destripará" un poco para explicarte cómo eres.

Si le preguntas a un **psicólogo**, dependerá de la escuela de psicología a la que adhiera la explicación que te dará, pero dirá que eres algo así como una mente y un cuerpo y utilizará términos raros para explicarte que tienes un "yo", un "ello", y un "super yo" (que nada tiene que ver con Superman).

Un **antropólogo** también hará de las suyas para hablarte de cómo eres y ¡¡¡si desciendes o no de un mono!!!

Ciertamente todos ellos tienen razón desde sus diferentes perspectivas y ciencias, y seguramente te darán luces para conocerte a ti mismo.

Hoy nosotros queremos compartirte otra forma de describirte de manera pedagógica.

Esta manera de puntualizar tu interioridad puede ayudarte a tomar conciencia de los diferentes niveles de profundidad que atraviesan tu aspecto psicológico y espiritual.

Nuevamente, y pecando tal vez por ser reiterativos, todas estas distinciones que te compartiremos no son para que las aprendas de memoria sino para que las "experimentes" y aprendas más de ti.

Tres niveles de profundidad...

Tanto la Consolación o la Desolación pueden manifestarse en tres niveles.

1. Sentimiento
2. Entendimiento
3. Voluntad

El nivel del sentimiento:

Es el nivel que más fácilmente puedes percibir.

Muchas personas creen que el nivel del sentimiento conduce la barca. De hecho, al creer así, toman grandes decisiones movidos por este nivel.

Es que cotidianamente te apremian las diferentes emociones, los gustos personales, o tal vez las fuertes heridas que podrían manifestarse en este nivel del sentimiento.

Hay muchas necesidades que durante tu vida no quedaron satisfechas.
Posiblemente busques, una y otra vez, llenar los huecos que te dejaron dichas necesidades.

Por ejemplo, si hubo alguna **carencia afectiva** en tu infancia, probablemente de adulto busques, a través de ciertos "apegos" afectivos, llenar la experiencia de dicha carencia.

Otras veces el temor de volver a experimentar el **rechazo afectivo**, o la **soledad** que atravesaste durante tu infancia, te pueden llevar a involucrarte en vínculos dañinos de adulto.

Una joven nos compartía, en un taller en el cual hablábamos de estos temas, que en su infancia y adolescencia había experimentado el rechazo afectivo de parte de su grupo familiar.
Una vez que se puso de novia, de muy jovencita, intentó casarse rápidamente para huir de su casa.
Sus heridas la llevaron a formar una pareja sin discernir maduramente ese paso a seguir.
La situación se agravó cuando notó que su cónyuge era violento y la trataba espantosamente.
Su temor a volver a experimentar el rechazo afectivo o la soledad de la primera infancia, la empujó a tolerar las reacciones violentas de su marido sin poder colocarle límites precisos y claros.

¿Conoces ejemplos cómo éste en tu vida?

¡¡¡Tal vez en la actualidad te aguantas una relación tóxica solamente porque temes a la soledad o al rechazo!!!

Continuando con la idea...

En la sociedad actual el nivel del sentimiento está exacerbado por un bombardeo de estímulos.

En 10 segundos los mensajes publicitarios de la televisión tratan de hacerte "sentir" la necesidad de algún producto.

Tan esclavos somos de esta área que las empresas **gastan millones de dólares** en esos avisos, sabiendo que muchos de nosotros vamos a ser influenciados por esos segundos de publicidad.

Por otro lado, en dichos anuncios, hay muchas "falsedades" que se proponen. Nos prometen llegar a satisfacer esa "hambre de plenitud" con placeres momentáneos de todo tipo.

Dichos **"placeres"** son tan **transitorios** que nos hacen anhelar un minuto más tarde, lo que tuvimos el minuto anterior.

¿Te das cuenta cómo este nivel está más al alcance de la percepción de la mayoría de las personas?

Generalmente nos damos cuenta rápidamente de las **consolaciones** en este nivel porque es el nivel más **superficial**.

Que sea superficial no quiere decir que no sea importante.

Lo que queremos decirte es que hay que conocer cómo influye este nivel en tu vida para que tengas mayor libertad de decidir libremente y no influenciado por mociones que ni conoces.

Si careces de una buena introspección (conocimiento de vos mismo) no podrás notar los movimientos más profundos de tu alma.

¿Cómo son las personas que se manejan en este nivel...?

Sin intentar caer en generalidades exageradas, podríamos inferir que las personas que se manejan por influencia de este nivel son particularmente **"inestables"**.

Miremos algunos ejemplos típicos de personas que se encuentran empujadas por el nivel del sentimiento, y veamos juntos si nos movemos de manera similar también nosotros.

Aprende a discernirte sin ocultamientos y con transparencia.

Si conoces tu verdad interior luego te será más fácil buscar herramientas que te favorezcan para pasar a etapas de mayor crecimiento, es decir de mayor plenitud y libertad.

Y no te preocupes por descubrir estas nubes interiores, ¡¡¡no eres tan original!!! Todos las tenemos.

El tema será entonces descubrirlas para aprender a decidir por cuestiones mas profundas que te lleven a la felicidad absoluta.

Alguien que se maneja por este nivel suele iniciar una pareja porque "lo siente".

Luego si el sentimiento se "apaga", o si el sentimiento cambia y se orienta hacia a otra persona (vecina/o, compañero/a de trabajo), entonces ¡"chau pareja"!.

Decide iniciar una carrera terciaria, universitaria o profesión porque "lo siente".

Luego, cuando el sentimiento se "seca", ¡chau a tal carrera!.

En este punto dirás: bueno, pero es lógico que no continuemos con aquello que no "sentimos".

Y tal vez argumentes lo siguiente: si el "amor" se apaga o se seca sería una hipocresía continuar fingiendo.

Veamos cómo contestamos esta pregunta.

Sabemos que nuestros "sentimientos" son **inestables** y si dependemos de nuestros sentimientos para tomar grandes decisiones, todas nuestras relaciones estarán destinadas a los vaivenes de dicha inestabilidad.

Aquí el tema se torna interesantísimo y si acordamos juntos algunas ideas, tal vez compartamos también los mismos criterios.

¿Qué crees que es el amor?

Para nosotros:

El **"amor"** es un acto de la **voluntad** que puede o **no** estar acompañado del sentimiento...

Detengámonos en esta frase, porque entender qué es lo que queremos decir con ella ¡¡¡puede llegar a ser un antes y un después en tu vida!!!

Por favor, intenta leer nuevamente la frase anterior.

¿Qué te parece?

¿Estás de acuerdo con que el amor es un acto de la voluntad?

"Acto de la voluntad" significa algo que hacemos o realizamos, es decir, una conducta posiblemente guiada por el intelecto y otras veces más inconciente, y puede o no estar acompañado por un sentimiento.

¿Se entiende?

Una de las formas más **comunes** de interpretar el "amor" es definirlo como un **sentimiento**.

De esta manera podemos hablar que se **"apagó"** o se **"secó"** el amor, o de "enamorarse" a primera vista.

Estas ideas suponen un amor sentimental que sufre los vaivenes de cualquier emoción o sentimiento.

Pero el verdadero amor es mucho más estable porque no depende exclusivamente del sentimiento.

No decimos que el sentimiento no es importante, sino que ¡¡¡no es lo más importante!!!

En casi todas las religiones, pero sobre todo en el cristianismo, existe un mandato bíblico que dice: "ama a tu enemigo...".

Si el amor dependiera del sentimiento nunca podríamos cumplir este mandato porque es prácticamente imposible "sentir", humanamente, cosas agradables por el enemigo.

Imagínate sentir cosas agradables por alguien que abusó de ti, o que te estafó, o que te fue infiel, o que te difamó, o que te dañó en algún aspecto.

Es prácticamente imposible sentir entonces cosas agradables por esas personas.

Pero, por el contrario, sí podemos amar con la voluntad a un enemigo.

Es decir que podemos hacer el "bien" aún a aquellos que nos trataron mal, o por lo menos no desearles el mal que nos hicieron.

Aclaramos este punto porque hay personas, por ejemplo mujeres víctimas de violencia familiar, que confunden la frase bíblica de "poner la otra mejilla" hacia aquel que te abofetea.

Al entender mal esta idea religiosa, con una actitud de amor inmaduro, se desentienden de lo "justo" y entonces se someten a cualquier trato humillante pensando que con ello son mejores cristianas.

Esta actitud no es propia del que busca el bien sino del que padece una patología psíquica.

Esta pobre mujer no sabe colocar los límites claros y el respeto que necesita toda relación de pareja sana.

Por otro lado, cuando entendemos al amor como si sólo fuera un sentimiento, corremos el riesgo de interpretarlo de manera de adjuntarlo a un estado muy pasajero y transitorio como son los sentimientos.

Otra vez: El amor es un acto de la voluntad que puede o no estar acompañado de un sentimiento.

Veamos un ejemplo que explique esta idea.

Imaginemos que un padre de familia vive lejos de sus hijos por una separación con su pareja.

Desde la lejanía "**siente**" que ama mucho a sus hijos pero no les escribe cartas (o mails), no los llama por teléfono, no los visita con frecuencia, ni tampoco les comparte algo de su dinero para las circunstancias cotidianas.

¿Te parece que este padre ama mucho?

¡¡¡Seguramente que acordamos en la misma respuesta!!!

Veamos ahora el siguiente nivel de profundidad...

El nivel del entendimiento:

Si no eres de las personas que se dejan llevar por cualquier "sentimiento" tal vez eres de los que se llevan por sus conceptos, razonamiento o por lo que "entiendes" en un nivel más intelectivo.

Es decir que lo que "razonas", si tiene cierta lógica, pareciera entonces que es lo que te guía.

Empieza así a ser el **razonamiento** tu **timón**.

Las creencias que anidas en el interior son las que conducen tu conducta, a veces más allá de si el sentimiento la acompaña o no.

Por ejemplo, el "sentimiento" puede no acompañarte a la mañana al levantarte para ir ¡¡¡a estudiar o a trabajar!!!, pero el "entendimiento" toma las riendas y, como sabe que hay motivos para levantarse, entonces le indica a tu "voluntad" lo que debe hacer y entonces te levantas.

¡¡¡Tal vez de mal humor!!!, pero igualmente lo haces.

¡¡¡Felicitaciones!!!, eres más maduro que los que se manejan sólo por sus sentimientos!!!

¿O acaso tú te levantas siempre contento para ir a trabajar o a estudiar o a pagar los impuestos?

Hasta aquí pareciera que está todo muy bien, pero...

Imaginemos que un día te despiertas y no encuentras razones lógicas para seguir adelante y levantarte.

Ante esta situación, puedes llegar a quedar esclavo del entendimiento nublado, deprimido y estancado, y ¡¡¡decides seguir durmiendo!!!

La falta de sentido puede llegar a ser un obstáculo enorme para seguir creciendo.

Muchas personas están paralizadas en la vida porque no encuentran sentido a las tareas cotidianas.

Es más, la falta de sentido puede ser una de las raíces de profundas depresiones.

La Logoterapia, escuela psicológica formada por Viktor Frankl, y utilizada en los círculos espirituales, porque respeta la idea antropológica de que el hombre tiene espíritu, trabaja profundamente en la búsqueda del sentido de la vida.

Puedes buscar libros sobre Logoterapia que son muy ricos y profundos.

Los que intelectualizan todo...

Numerosos científicos, intelectuales o filósofos actúan y se mueven con preferencia de este nivel.

Tal es así que muchos de ellos descartan las cosas espirituales porque no tienen forma de demostrar la fe con conceptos lógicos.

Es decir, lo que la razón no entiende entonces no existe para ellos.

Muchos otros intelectualizan la vida y viven de acuerdo a creencias que ni a ellos mismos les da frutos.

Defienden así filosofías que los llevan a profundas depresiones.

En los círculos religiosos en los cuales nos movemos con Inés, hay veces que también ciertas espiritualidades se ven afectadas por este virus.

Hay personas que después de 20 años de seguir a Cristo todavía siguen depresivas o quejosas. ¡¡¡Es que tienen teorías que en cierta medida avalan sentirse mal!!!

Sostienen que están atravesando una noche espiritual (después te explicaremos de qué se tratan), o una desolación fuerte, o que tienen que hacerse cargo de una cruz muy pesada como una enfermedad, la muerte de un ser querido, el abandono de alguien a quien amaban, etc.

Nosotros podemos entender este pensamiento, y sentir empatía con todos aquellos que realmente sufren mucho en la vida. Pero creemos que la espiritualidad de alto vuelo te ayuda a atravesar todas estas circunstancias que nos acontecen a todos los mortales con mayor paz interior o hasta con alegría.

No hablamos de no sufrir, sino de que el estado del alma no sea un constante sufrimiento.

Aquí queremos subrayar una idea que la escucharás más de una vez en este libro o en los otros libros y audios que hemos grabado.

Hay una diferencia entre "**estado**" del alma y "**circunstancia**" ocasional.

Por "**estado**" entendemos a un período prolongado del tiempo. Durante este período el alma puede estar en paz o en alegría aunque tal vez algún día en particular puede caer en una "circunstancia" de mayor dolor o sufrimiento.

Un "estado" de paz y alegría constante es compatible con estar alguna que otra vez enojado o quejoso por una "circunstancia" particular.

El problema es cuando vivimos en un "estado" de odio permanente, de depresión, de ira, de queja, y de vez en cuando tenemos alguna alegría pasajera.

¿Puedes notar la diferencia?

Si en alguna parte del libro no entiendes algo estamos a tu disposición para aclararte todo lo que podamos si nos escribes al mail: toioines2@yahoo.com.ar

¿Pero qué significa ser esclavo de este nivel?

Ser esclavo de este nivel significa que podemos tomar decisiones que consideramos verdaderas para nuestra lógica, aunque esa lógica no dé frutos en lo personal o no dé frutos en aquellos que nos rodean.

Por eso algunos saltan de la **esclavitud** del **sentimiento,** del nivel anterior, a la **esclavitud** del **entendimiento.**

Veamos ejemplos de decisiones mal tomadas.

Un día decides, luego de un período de "Consolación" y con la ayuda de un buen acompañamiento, estudiar una carrera universitaria.

De repente, luego de algunos meses de comenzada la carrera, las "**ganas**" comienzan a flaquear.

Como eres una persona que no vive en el nivel del "sentimiento", y entonces no te dejas llevar por cualquier viento llamado "ganas", decides continuar con la carrera.

¡¡¡Hasta aquí pareciera que va todo bien y que eres una persona mucho más estable y madura!!! ¡¡¡Felicitaciones!!!

Luego de algunos meses comienzas a dudar del por qué estudias lo que estudias.

La "**duda**" comienza a agravarse al no tener respuestas claras sobre qué harás para mantenerte económicamente una vez que finalicen tus estudios.

¿Encontrarás trabajo? ¿Te pagarán lo suficiente?

Tu "entendimiento" comienza así a oscurecerse.

Se presentan ideas confusas en tu mente sobre tu capacidad para insertarte laboralmente.

Si te manejas en el nivel de los razonamientos lógicos, ante semejantes dudas puedes llegar a decidir abandonar la carrera.

Cualquier decisión que tomes pasará, tarde o temprano, por el mar de las **dudas** intelectivas.

Por eso si te guías exclusivamente por el área de los razonamientos lógicos puedes llegar a ser también inestable en tu vida.

¡¡¡Pero no te desanimes!!! ¡¡¡Ahora viene lo mejor!!!

Para aprender aún más sobre las profundidades interiores veamos juntos el siguiente nivel...

El nivel de la voluntad:

He aquí el nivel más profundo de los tres. Todos los niveles son importantes pero éste necesita ejercitarse mucho.

Las personas más sanas y más maduras se mueven en este nivel cuando son guiadas por el horizonte del intelecto sano y sabio.

Ser libres en este nivel significa estar sano...

Por eso todo esfuerzo que hagas para **liberar** este nivel de sus esclavitudes es un modo de favorecer tu proceso de sanación psicológica y espiritual.

La Consolación en este espacio suele manifestarse como una potencia interior que te empuja con garra para emprender cualquier empresa.

Se le puede llamar fortaleza.

Y la Desolación en la voluntad, en el peor de los casos, puede experimentarse como un colocarse en el lugar de víctima del mundo.

Colocarnos en víctima de las circunstancias, nos priva de la capacidad de autodistanciarnos para observar la problemática desde otra perspectiva.

Quisiéramos también advertirte que es posible que aparezcan dificultades más sutiles.

Para darte un ejemplo de una dificultad que puede aparecer en este nivel te compartimos lo siguiente.

Imagínate que comienzas a dar pasos en tu vocación, luego continúas perseverando por bastante tiempo en tus objetivos hasta que en el medio del camino se te presenta algo más apetecible, o más cómodo.

Eso más apetecible puede llegar a ser un trabajo diferente, otra carrera que te seduce, otro país para mudarte, y abandonas lo que hacías para emprender algo nuevo.

Tal vez el cambio no era algo malo en sí, pero que sea más "apetecible" o más "razonable" no significa que sea tu verdadera vocación.

Por eso, hacer un mal discernimiento te puede privar de dar frutos en abundancia en tu vida.

¡Imposible crecer sin conocimiento propio...!

Aprender a discernir supone conocerte para saber tanto sobre tus fortalezas como sobre tus debilidades.

Sin conocimiento propio no hay forma
de que tomes decisiones correctas.

El **espacio** de **intimidad** personal para ir conociéndote, es un método formidable para lograr estos objetivos.
Comenzar este camino supone tomar en cuenta estos tres niveles.

Veamos cómo todo esto se puede apreciar desde este espacio de intimidad personal...

Supongamos que regresas de un retiro espiritual lleno de alegría y fortaleza para emprender objetivos más altos en tu camino espiritual.

Decides comenzar a tener este espacio cotidiano de oración y experimentas un fuerte consuelo en el nivel del sentimiento porque "**sientes**" gozo o alegría interior ante esta decisión.

En el nivel del "**entendimiento**" llegas a tener las ideas bien claras de lo necesario que es tener un espacio de intimidad cotidiano.

Y también recibes consuelos en el nivel de la "**voluntad**" porque perseveras en lo que te habías propuesto en un inicio.

Tienes así deseos bien concretos de crecer en el vínculo con los demás y con Dios.

Pero llega el día tan temido en que **no percibes** tan frecuentemente los consuelos en el nivel del sentimiento.

Ni tienes tan claro el por qué perseveras en este método.

Además, al libro éste lo leíste meses atrás y no recuerdas los argumentos que te entusiasmaban para emprender el objetivo de crecer y sanar.

¡¡¡Con esta tormenta, es difícil perseverar!!!.

De manera similar ocurre cuando alguien toma la decisión de casarse.

La decisión la toma en un momento en el cual se encuentra "enamorado" (consuelo en el sentimiento).

También tiene "razones" por las cuales le agrada su cónyuge (consuelo en el entendimiento).

Y seguramente también tiene consuelo en la voluntad para amar a esa persona, y entregarle su vida.

Pero tarde o temprano llegará el día en el cual se retiran tal vez transitoriamente los consuelos en el nivel del sentimiento (se apaga el enamoramiento).

A su vez se conocerán más los defectos de la pareja (desolación en el entendimiento).

En una situación así es difícil perseverar en los actos de amor cotidianos (desolación en la voluntad), y entonces ¡¡¡algunos deciden separarse!!!

¿Separarse también de Dios...?

Esto mismo que sucede en la formación de la pareja y el matrimonio puede pasar en la relación con Dios.

Por eso a las personas que quieren crecer y volar bien alto en la relación con Dios, tarde o temprano, Dios las puede llegar a introducir en estas experiencias de desolación.

Eso les servirá para enraizarse profundamente en la voluntad de Dios y no estar dirigidos por cualquier viento.

El que busca "separarse" de Dios en esos momentos de Desolación tal vez se pierda de llegar al gozo indescriptible de la unión con Él.

Este gozo está reservado para el que persevera en la **fidelidad**.

¡¡¡Bien vale la pena seguir adelante más allá del sentimiento pasajero, o del entendimiento, porque la corona que buscamos no es pasajera, y el gozo que obtenemos no es la simple alegría momentánea que nos ofrecen los consuelos puramente pasajeros!!!

Lo mismo que ocurre durante el camino de relación con Dios te puede pasar cuando comienzas una pareja, un estudio, un trabajo.

El espacio de intimidad personal te enseña a perseverar en lo que es bueno para vos, en los planes que te propusiste como fruto de un discernimiento maduro, en los planes que Dios te propone, y ¡¡¡que son los que verdaderamente te harán feliz!!!

La Voluntad esclava...

Cuando alguna persona sobrelleva la difícil situación de un trastorno de ansiedad, como el "**ataque de pánico**" por ejemplo, padece de una fuerte esclavitud en el nivel de los sentimientos y/o también del entendimiento.

Cuando hay una fuerte ansiedad, se presenta un cuadro de desesperación en el nivel del sentimiento.

Esta desesperación frecuentemente está acompañada de sensaciones corporales y psíquicas nada agradables.

También se presentan desolaciones en el nivel del entendimiento con imágenes (imaginación) del peor escenario posible en el futuro.

Hay personas que creen que se van a morir si llegan al supermercado o al trabajo o a alguna reunión social.

Así la persona se enfrenta al terrible "miedo al miedo".

Por eso se va encerrando cada vez más y deja de frecuentar supermercados, reuniones sociales, trámites bancarios, etc.

Cuando la voluntad se deja llevar por estos temores, entonces comienza a suceder que la persona encuentra la solución **evitando** en el futuro toda situación que pueda provocar estos síntomas.

Dicha evitación produce un deterioro en diferentes áreas de la vida cotidiana.

Por eso comienza a escaparse del encuentro con ciertas situaciones o personas.

Abandona actividades deportivas o sociales, se deteriora su capacidad laboral.

Cuando la voluntad se esclaviza la vida comienza a "**padecerse**".

Por el contrario, tener la voluntad **libre** significa que puedas discernir tu vocación, que logres tomar cualquier decisión importante en tu vida, con ayuda del acompañamiento de algún referente, y que puedas **perseverar** en esas decisiones.

Aprender sobre los movimientos de consolación y desolación te puede ayudar a conocer la voluntad de Dios para tu vida, quien te llevará por un camino de plenitud, de sanidad espiritual y psicológica (liberación de las esclavitudes).

Ejercicio...

Ahora, querido amigo o amiga, te invitamos a distinguir en tu diario espiritual las experiencias que hayas atravesado en estos tres niveles.

Te aconsejamos primero abordar cada nivel por separado.

Primero anotar experiencias de consolación o desolación en el nivel del sentimiento, luego del entendimiento y luego de la voluntad.

Una vez finalizada esta parte del ejercicio, te invitamos a distinguir experiencias más complejas.

Por ejemplo:

¿Te ha sucedido alguna vez que estuvieras en una fuerte desolación a nivel del sentimiento pero que al mismo tiempo estuvieras consolado a nivel del entendimiento y de la voluntad?

¿Te ha ocurrido que estuvieras desolado a nivel del sentimiento y del entendimiento pero consolado a nivel de la voluntad?

¿Parecen difíciles estas preguntas?

¡¡¡No queremos enroscarte con ideas difíciles!!!, pero si logras distinguir estos tres niveles habrás dado un paso enorme en tu conocimiento interior.

Una vez finalizado el ejercicio nos volvemos a encontrar...

¡¡¡Bienvenido nuevamente!!!

Todo muy lindo y entendible, pero ¿te acuerdas que estábamos en el cuarto grado?

¿Cómo hacemos ahora para continuar creciendo y sanando?

Si eres de las personas que han llegado hasta este grado, has demostrado ser lo suficientemente perseverante para crecer en las virtudes que te describíamos anteriormente y también has demostrado conocerte a ti mismo, aunque sea instintivamente, en los diferentes niveles que te detallábamos.

Por eso es fácil creer que...

¿Llegamos a las cumbres?...

En esta etapa puedes llegar a sospechar que conoces todo de vos mismo.

Algunos muy formados en lo religioso como los sacerdotes, pastores, monjas, o laicos bien comprometidos, creen que conocen todo de Dios debido a que han meditado y estudiado sobre Dios a lo largo de sus vidas.

También pueden llegar a creer que lo aman mucho porque han entregado sus vidas a Dios y han puesto en juego los afectos y han crecido en virtudes.

Todos ellos hicieron obras para Dios con gran esfuerzo personal.

¿¡¡¡Qué más se puede buscar!!!?

Para colmo, muchos de ellos hicieron todo tipo de ejercicios interiores y retiros espirituales. Pareciera entonces que no hay mucho más para aprender.

Cuando uno llega a un lugar así cree que conoce todo de sí o de Dios. Este límite muchas veces no lo dicta la **soberbia** sino la **ignorancia**. Entonces al creer que ya llegó, generalmente se coloca en el rol de **"servidor"**.

Ahora pareciera ser el tiempo oportuno para enseñar a otros.

En parte tiene algo de razón, porque ha crecido y puede derramar sus conocimientos a otros que recién comienzan.

Por esos estas personas difícilmente se coloquen en lugares en que desempeñen el rol de ser servidos, porque piensan que ya han cumplido esta etapa.

También, al haber pasado un período largo de tiempo creciendo, desvalorizan inconcientemente a los "recién iniciados", y por esos tienen muchas dificultades para delegar tareas.

¡"Que aguarden a crecer antes que se les delegue alguna tarea!" dicen al referirse a otros.

Aquí es donde todavía se cuela la soberbia.

El "esfuerzo personal" y el "crecimiento" pueden llegar a ser obstáculos porque pueden suponer una expectativa de "vaso lleno" en donde no queda lugar para nada nuevo.

No sabemos si alguna vez has estado en comunidades eclesiales, evangélicas o parroquiales.

Allí puedes observar las mayores riquezas que la espiritualidad produce, pero lamentablemente también puedes notar algunas miserias.

Si observas detenidamente, allí seguramente que habrá tensiones entre los "crecidos" que ya están hace muchos años en la comunidad y los "crudos" o recién iniciados que ven algunas miserias en los aparentes "crecidos" pero ¡¡¡que no tienen ni voz ni voto para delatarlas!!!

Es que quien ha llegado hasta aquí todavía tiene algunas incoherencias enormes en su interior.

¿Te das cuenta que, por más que la persona haya crecido y perseverado mucho, todavía tiene mucha mezcla interior?

La puerta al "Secreto"...

Si bien recién nos detuvimos en algunos de los defectos en los cuales se puede caer durante esta etapa, éste es un momento maravilloso de la vida psicológica y espiritual porque es la antesala de un profundo crecimiento interior.

Esta etapa de mayor silencio interior te prepara profundamente para las experiencias más secretas de la etapa siguiente.

Si tu razón y tus sentimientos estuvieran muy desordenados, posiblemente no podrías notar las melodías más sutiles de las etapas siguientes.

Tendrías mucho ruido interno.

Por eso en este grado tu alma se va sosegando, calmando y aquietando.

Ejercicio...

Te invitamos a dejar todo de lado por unos momentos y sumergirte en la Presencia de Dios, su Shejináh...

Puedes hacer tuya esta oración, o puedes inventar una con tus propias palabras.

Frente a Ti, Señor, estoy y te contemplo...

Permíteme que resuenen en mi interior esos versos de San Juan de la Cruz...

Olvido de lo creado,
memoria del Creador,
atención a lo interior,
estarse amando al Amado...

Ahora permíteme quedarme acurrucado a tu lado en silencio fecundo y dejar que continúes modelando mi interior, pero sin palabras.

Una vez finalizado el espacio de intimidad personal nos volvemos a encontrar...

¡¡¡Bienvenido nuevamente!!!

Te proponemos que escribas tu experiencia en el diario personal y que intentes distinguir si los momentos de silencio, atravesados durante la oración, fueron o no **"llenos"**.

También te alentamos para que durante tus espacios de intimidad diaria secundes los silencios cuando se te presenten.

Luego verás los frutos en lo profundo...

Para encontrarte con la siguiente etapa tendrás que ir por donde "no sabes"...

Capítulo IX

Quinto grado: Alguien llama...

Todo lo que te fuimos compartiendo para dar pasos fue bien válido, pero en el camino psicológico y espiritual llega un momento en el que no se puede seguir creciendo a fuerza de "pulmón".

Necesitarás que Dios mismo tome las riendas de tu vida y que te proponga el camino.

¡Si sigues haciendo lo que sabes hacer,
llegarás hasta donde estás ahora!

Para continuar hacia la próxima etapa deberás hacerlo por los lugares que todavía desconoces.

Por eso tendrás que saltar al ¡¡¡vacío!!! de la vida contemplativa.

Ese vacío genera "vértigo", como frente a un precipicio, porque ir por caminos desconocidos siempre genera incertidumbre y ansiedad.

Pero hay una fuerza interior que te llama y que te seduce para seguir adelante.

Algunos no notan este llamado interior para seguir creciendo y se acomodan en la etapa anterior suponiendo que ya habían llegado a la cima.

Otros muchos escuchan ese llamado que se puede manifestar de diferentes formas.

Algunos lo oyen como un claro llamado de Dios para seguir creciendo.

Otros lo escuchan como una fuerza interior que seduce para dar nuevos pasos, sin saber bien quién es el causante de semejante seducción.

Unos y otros deberán lanzarse y abandonarse en ese precipicio ¡¡¡si quieren realmente dar un nuevo paso!!!

Esa fuerza nos invita a tomar un camino nuevo y desconocido.

Si vos tuvieras que elegir el camino para seguir adelante, muchas veces lo harías tomando en cuenta tu propia comodidad o gustos. Pero eso implicaría una gran limitación porque volverías a recorrer los senderos ya transitados y así arribarías al mismo lugar desde donde pretendías partir.

Sería entonces andar en círculos.

Para seguir adelante deberás ir desprendiéndote de criterios personales para asumir nuevos criterios muy poco conocidos.

A lo largo de la historia, algunos místicos religiosos han llamado a esta etapa de diferentes maneras: Vida de oración contemplativa, mística, etc.

La psicología, en cambio, se ha involucrado poco con esta etapa.

Frecuentemente confundió las experiencias verdaderas de unión con Dios con patologías que se explican en los manuales de psiquiatría.

¡¡¡Es cierto que hay mucho delirio místico dando vuelta!!! Pero también es cierto que hay experiencias hermosas y profundas otorgadas por Dios.

Muchas veces la pobre alma recurre al psicólogo porque siente una gran incertidumbre ante todo lo que le sucede, y se retira de la consulta con un hermoso rótulo de alguna patología psíquica.

¡¡¡Ojo!!!, también puede suceder al revés. Hay personas que están realmente enfermas psicológicamente y creen tener experiencias místicas profundas.

En este caso el "delirio místico" es una terminología adecuada a lo que les sucede.

Pero más allá de todo esto, lo cierto es que en esta etapa hay una fuerza interior que te llama muy fuerte y que te invita a adentrarte en el mundo más íntimo y personal.

Esa misma fuerza es también la que te aleja de las cosas más exteriores o superficiales.

Como tal experiencia puede llegar a suceder en cualquier momento del día, y no necesariamente durante el espacio de intimidad diaria, será provechoso aprender a "quedarte" en esa experiencia y no seguir haciendo lo que venías haciendo, excepto que sean deberes de estado.

Numerosas veces puede sucederte que experimentes algo así, pero como estas ocupado en otras actividades sigues adelante sin detenerte ante el toque de semejante caricia íntima.

No hay ejercicio de concentración que puedas hacer para obtener esta experiencia.

De cualquier manera un ejercicio de relajación puede ayudarte a secundar la gracia.

Es maravilloso porque comienzas a notar que no puedes generar a "fuerza de pedal" experiencias de este tenor.

La impotencia de generar estos estados interiores poco a poco va tiñendo tu alma de humildad.

Ahora es tiempo de dejar que el interior fecunde lo que sucede y admitir que no puedes con tu propio esfuerzo alcanzar semejantes estados de consuelo interior.

Qué bueno es que se fuera aquietando el interior de tu alma durante los grados anteriores, así en este grado podrás notar los movimientos más sutiles.

Algunas características de la etapa...

Habrá momentos durante las actividades que vas desarrollando en las diferentes áreas de tu vida social, en lo eclesial, en lo profesional, en lo familiar, o en otras áreas, en donde sientas este llamado o fuerza interior que deja frutos de paz, gozo, y humildad.

Cuando desarrollas cualquier actividad, y lo haces humanamente bien, observarás que deja buenos frutos "**naturales**".

Por ejemplo si tocas la guitarra frente a un grupo y lo haces bien, porque estudiaste y practicaste, o porque tomaste clases con un profesor, verás que los frutos pueden llegar a ser muy buenos.

Pero cuando realizas las actividades bajo los frutos de esta experiencia de mayor interioridad, percibirás que los frutos que dejan las actividades son más que naturales, es decir son "**sobrenaturales**".

Siguiendo con el ejemplo de la música.

Los que te escuchan dirán que la melodía los ayudó a acercarse más a su propio interior, o a Dios, o que pudieron tener una experiencia más profunda que otras veces.

Comenzarás entonces a notar que las actividades realizadas bajo este contexto producen frutos que están más allá de la simple capacidad profesional o humana que desarrollaste a lo largo de los años.

Por eso esta etapa no tiene necesariamente que ver con tus "**capacidades**", sino con lo que se va **gestando** en el interior.

Tendrás que aprender durante esta etapa a ser **dócil** a esa fuerza interior que te absorbe hacia lo íntimo para dejarte llevar por las inspiraciones interiores.

Lazos de amor...

En este grado comienzas a experimentar en la voluntad algo que te cautiva hacia lo más recóndito de tu interioridad humana.

Algunos autores le llaman a este lazo: **"ligadura"**.

La experiencia tiene que ver con la **"seducción"**.

Es una experiencia que te deja frutos de amor, gozo, y paz.

También se va aquietando tu interior y se prepara para la siguiente etapa.

Por eso es una experiencia que introduce una **bisagra** entre el grado anterior en donde se silencia el alma, y el siguiente grado de Sosiego.

No se trata pues de un gran esfuerzo propio, sino de tu **disponibilidad** para seguir creciendo.

Sabiendo secundar esta experiencia y aprovechando los momentos del llamado interior, puedes llegar a pasar al siguiente grado.

Pero ¿vos estarás llamado a escalar estas alturas de la espiritualidad?...

¿Están todos invitados?...

Históricamente, entre las personas que han dedicado su vida al llamado interior, hubo discusiones sobre si este tipo de experiencias era un llamado para unos pocos "contemplativos" o era posible para cualquier mortal.

Santa Teresa de Ávila, que era maestra en estos temas de la mística experiencial, dejó bien en claro que, para ella, si Dios había dicho "Vengan todos a beber" no podría luego contradecirse y no darles a todos lo que había prometido en primera instancia.

De cualquier manera, siempre tendrás la libertad de escoger entre zambullirte en las profundidades de la plenitud o quedarte nadando en la superficie de la vida cómoda o mediocre.

Ejercicio...

Verás que cada etapa es diferente.

De aquí en más se requiere un paladar finísimo para gustar las delectaciones del interior.

Por eso te invitamos a que ahora intentes buscar en tu pasado alguna experiencia de este llamado que tal vez antes nunca te hayas dispuesto a evaluar.

Acuérdate también que cada etapa o grado se discierne por el tipo o clase de experiencia más frecuente en un período prolongado de tiempo (varios meses) y no por situaciones aisladas.

Una vez reconocidas esas experiencias, te invitamos a que escribas en tu diario personal:

¿Cómo fueron?,

¿Cuánto duraron?,

¿Qué hiciste vos durante el tiempo en el cual transcurrieron?

¿Fuiste dócil a la experiencia o te resististe?

¿Te detuviste para experimentar ese momento de intimidad o continuaste con los quehaceres cotidianos?

¿Qué fruto dejó la experiencia?

Una vez finalizado el ejercicio nos volvemos a encontrar.

¡¡¡Bienvenido nuevamente!!!

El sendero se va poniendo un poquito más angosto y al mismo tiempo más secreto e incomprensible, pero nunca complicado sino simple y concreto...

Capítulo X

Sexto grado: Sosiego...

Cuando realizas una actividad durante mucho tiempo, te acostumbras a la forma en que la ejecutas, y si alguien te propone un nuevo procedimiento, surgen las resistencias y los temores a lo nuevo.

Hoy en día, las instituciones laborales, educativas, u otras, han ido cambiando de forma vertiginosa, y los muchos que se resisten a dichos cambios, por lo general quedan relegados o por fuera del sistema.

¡¡¡Numerosos adultos todavía se resisten a tener un teléfono celular o a aprender computación!!!

El analfabeto digital comienza a sufrir cada vez más los trastornos de su ignorancia.

Lo mismo te puede suceder en el crecimiento interior.

Una vez que te acomodas y te instalas, puede llegar a sucederte que te resistas a un nuevo desafío y al cambio.

Es que, a medida que te vayas adentrando en las profundidades del alma, notarás que necesitarás una mayor docilidad para dejarte conducir hacia lo más íntimo de lo íntimo.

En esta etapa habrá un gran cambio espiritual, y por eso surgirán algunas **resistencias interiores**.

Tal vez te habías acostumbrado a una forma de manejo de tu espacio de intimidad diario, en donde llevabas las riendas de la oración o de la meditación, y es ahora cuando aparenta ser necesario dejarte conducir por un nuevo camino que no conocías.

Pero desde aquí comenzarás un camino de gran **cambio cognitivo** (forma de conocer) y también aprenderás a comunicarte de otro modo.

Es decir que experimentarás que hay formas de conocer que van más allá de tu "razón".

Como fruto de este cambio interior comenzarás a notar dificultades para intelectualizar la oración o la vida.

¿Te acuerdas que el segundo grado tenía que ver con razonar todo?

Aquí, en cambio, surge el desconcierto porque pareciera que pierdes la capacidad de pensar claramente.

En etapas anteriores tal vez te sucedía que te acudían a la mente unas ideas maravillosas durante y después del tiempo de intimidad diario. En cambio ahora esa capacidad parece haber desaparecido por completo.

Es que los instrumentos que utilizabas hasta ahora para avanzar en el camino de crecimiento interior ya no sólo no te sirven, ¡¡¡ sino que pueden transformarse en obstáculos!!!

La razón no llega a captar lo que sucede.

Etapa Insondable...

Es una etapa confusa.
Antes parecías tener claridad de ideas dadas por tu razón. Ahora como la razón está sosegada, se te oscurece el entendimiento.

Para crecer en esta etapa es necesario que se limite tu razón y dejes de guiarte por ella con su espejismo de omnipotencia.

De aquí en más, el camino del **abandono** a lo nuevo, y la **docilidad** a la gracia, será el sendero más seguro para crecer.

Llamativamente se distinguen con mayor claridad las propias miserias...

Cuanto más te acercas a lo profundo del alma, más notarás su grandeza, y al mismo tiempo también advertirás más las miserias y limitaciones que antes pasaban desapercibidas.

¡¡¡Esta situación puede producirte un malestar generalizado porque pareciera que descubres miserias nuevas!!!

¡¡¡No te preocupes!!! En realidad, tales miserias siempre estuvieron allí pero ¡¡¡vos no te dabas cuenta!!!

¡¡¡Los que si seguramente que se dieron cuenta eran los que te rodeaban!!!

Este reconocimiento de las propias desdichas, provoca un malestar que posiblemente se exprese y exteriorice de forma no muy diplomática.

Los malestares tarde o temprano terminan por exteriorizarse de alguna manera.

¡¡¡Los que nos rodean saben de estas cosas!!!

San Juan de la Cruz, otro místico experiencial contemporáneo de Santa Teresa de Ávila, denomina a esta etapa como "Noche Oscura del Sentido".

En la escuela espiritual que proponen las Convivencias con Dios, que son retiros espirituales de seis días, se focaliza detenidamente sobre esta etapa.

¡¡¡Pero ojo!!! ¡¡¡Que descubras tus miserias no te justifica para andar con la cara larga por todos lados!!!

Momentos de confusión...

¿Qué tal, querido compañero y compañera de sendero?

Hasta ahora fuimos viendo juntos los frutos de la perseverancia en el espacio de intimidad personal y notaste que si sigues adelante alcanzarás crecimiento tanto en el área espiritual como en los aspectos psicológicos, quedando libre de la vida sin sentido, de la falta de objetivos, de la falta de perseverancia, y libre de otras tantas limitaciones.

Pero en tu camino espiritual podría haber momentos que a simple vista parecieran ser negativos.

Es que al ir creciendo en profundidad tu personalidad sufrirá cambios drásticos que tal vez no sepas cómo manejarlos.

Algunos de estos momentos o "**síntomas**" (para ilustrarlos mejor los llamamos así) son la intolerancia con vos mismo o con los demás, falta de gusto por las cosas que antes te parecían gustosas, sensación de estar retrocediendo en el camino de crecimiento.

Estos síntomas pudieran estar acompañados por una marcada tristeza.

Para la lectura e interpretación de estos síntomas hay que tener sumo cuidado, porque hay que considerar el desarrollo del camino psicológico y espiritual para darse cuenta de qué se trata y el por qué de tales manifestaciones.

Un **terapeuta** fácilmente podría diagnosticarte alguna problemática puramente psicológica y no tomar en cuenta lo que significan estos síntomas en el camino espiritual.

Un **director espiritual** que desconociera sobre lo que le acontece al alma en los grados más contemplativos podría derivar la situación a un psicólogo.

Los malestares de dicha etapa se refieren a que no estamos acostumbrados a lo nuevo que nos está sucediendo y nos resistimos a los cambios interiores.

Frecuentemente las personas intentan decidir todo en la vida. Desean proponer la forma de decidir los cambios personales y hasta los ajenos, los tiempos o plazos para arribar a nuevas etapas, los caminos que hay que escoger, etc.

Como decíamos en capítulos anteriores: "Ven Dios y sígueme, que yo te digo lo que es bueno para mí".

Sin embargo en este grado se dan vuelta las cosas.

En esta etapa es frecuente escuchar cosas como:

"No puedo concentrarme en mis objetivos porque me distraigo",

"No siento nada, se apagó lo que sentía anteriormente",

"En este espacio de intimidad diaria estoy perdiendo el tiempo",

"Antes tenía ideas lindísimas y ahora no me puedo concentrar".

Esto es una purificación en nuestra alma, lo cual origina frutos mayores que los de etapas anteriores.

Si por casualidad actualmente tenés alguno de estos síntomas tendrás que discernir si te encuentras atravesando una etapa de crecimiento espiritual como ésta o es un simple momento de malestar o de mediocridad psicológica.

Por eso deberás observar otros puntos importantes.

Por ejemplo tu **perseverancia** en tu intento de continuar creciendo.

También habrá que observar si realmente intentas seguir dando pasos en tus **relaciones sociales** y en la **relación con Dios**.

Muchas personas nos dicen: "Me siento mal porque estoy atravesando una noche espiritual. Por eso me llevo mal con todo el mundo... ¡¡¡hasta dejé de hacer oración!!!

Quien realmente se encuentra en una noche espiritual tiene gracia de sobra para intentar poner buena cara al mal tiempo. Es decir que puede desarrollar una voluntad que le permite seguir intentando, más allá de las desolaciones propias de la etapa, dar pasos de amor en los vínculos y perseverar en su oración diaria.

Pero sigamos adelante...

Hay tanto desconcierto en esta etapa, que suele suceder que también se apague el gusto por las cosas que antes maravillaban.

Es que comienzas a pasar de ser una persona guiada por lo exterior a ser una persona guiada por un llamado interior que arrasa, como topadora, con todo lo que se le enfrenta.

Todavía falta mucho por recorrer.

Esta etapa tiene un sabor mucho más sutil, pero al mismo tiempo conlleva el malestar de toda **poda**.

Para crecer y dar fruto de crecimiento en abundancia se necesita una poda mayor aún...

El ejercicio para este tiempo es perseverar en ese espacio de intimidad diaria cueste lo que cueste.

Y no te olvides que si ya te encuentras por estas alturas,¡¡¡ no tienes excusas para andar con la cara larga!!!

Tienes gracia en sobreabundancia para sonreír, para irradiar alegría, para amar enormemente, más allá de que estés un poco desolado.

El camino interior es una aventura apasionante.

Fuimos recorriendo juntos algunos de los puntos importantes a tener en cuenta para crecer en dicha aventura.

Pero luego de un tiempo te pudiera llegar a desconcertar la idea de que, si te lanzas en el camino de crecimiento interior, tanto espiritual como psicológico, todavía sigas realizando actos que no concuerdan con dicho caminar, es decir que las imperfecciones y miserias interiores ¡¡¡siguen estando allí!!!

Esto puede desconcertarte tanto a vos mismo como a los que te rodean.

Falta todavía que se extirpe de tu "yo" la raíz de las miserias.

Lucha y Sosiego....

La etapa de la Noche del Sentido se divide en dos partes.
La primera se caracteriza por la **incertidumbre**.
Aparece una nueva forma de hacer oración, pero al mismo tiempo se "lucha" ante lo nuevo.

Durante la segunda parte de la etapa, la seducción es tan atractiva, que el alma se **abandona** en lo profundo de la vida de oración más contemplativa.

Tiempo de desapego...

Tu espíritu comenzará a domarse.
Al notar tus miserias personales con mayor claridad es más fácil intentar extirparlas.

Pero sucede que no basta con tu fuerza personal para extirpar semejantes alimañas del interior del alma.

Habrá entonces que aprovechar las circunstancias que la propia vida te invita a atravesar para lograr vencer estas "desventuras" y transformarlas en "buenaventuras".

Frutos del grado de Sosiego...

Crecerás en perseverancia, en amor maduro, y comenzarán a manifestarse las ganas de vivir las virtudes, que describíamos en etapas anteriores, pero ahora de manera heroica.

Tu "yo" comienza a rendirse ante la experiencia del amor insondable que percibes en tu propia interioridad.

Pero tendrás en esta etapa un gran salto mucho más importante que los que te veníamos describiendo.

Tal **salto** se lo tendrás que agradecer a las...

¡¡¡Distracciones...!!!

Cuando queremos concentrarnos en alguna actividad, siempre queremos estar atentos a lo que realizamos.

Nos molesta que alguien o algo irrumpa y nos desconcentren.

En esta etapa experimentas un mar de **distracciones** que parecieran **apartarte** de los objetivos que quieres alcanzar.

Ante tal situación, puedes llegar a sospechar de tu capacidad de concentración.

Por eso surgirá tal vez la idea de consultar a un médico o a un psicólogo por tales síntomas.

Fíjate que en esta etapa estarás atravesado por numerosos síntomas, a raíz de lo que te sucede en el alma.

- o Por un lado, al conocer tus miserias puedes llegar a sentirte mal, y tu mal humor comienza a subir de tono.
- o El mal humor causa dificultades en los vínculos con los que te rodean y entonces, también, aparecen los conflictos familiares, laborales o sociales.
- o A raíz de estas dificultades puedes llegar a experimentar estados depresivos.
- o ¡¡¡A todo esto se suma tu falta de concentración!!!
- o ¡¡¡Y encima de ello se agregan ahora las distracciones!!!

¿Qué tal? ¡¡¡Pobre tu alma!!!

Andas por allí pensando que todo está mal en tu vida, pero realmente todos estos síntomas ocurren justamente porque estás creciendo en tu interioridad.

Lo mejor que puedes hacer es intentar considerar a las distracciones como algo externo, y **evitar** prestarles tu **atención**.

Si logras hacer esto así, entonces **avanzarás monumentalmente** en el camino espiritual y también en la vida cotidiana.

Veamos el por qué.

También en la vida diaria hay situaciones que te distraen, y que te alejan de los fines u objetivos propuestos.

Pero en esta etapa aprenderás a estar más atento para no dejarte llevar por cualquier viento.

Crecerás en firmeza.

> En etapas anteriores, tal vez cualquier idea seductora lograba apartarte de los fines propuestos (cambios de carrera, de trabajo, de pareja, de comunidad). Ahora, a diferencia de antes, continúas firme, sin cambiar los rumbos sin un previo discernimiento maduro.

Y éste es uno de los mayores frutos que puedas tener en tu vida de crecimiento espiritual y psicológico.

Entonces ¿qué hacer durante este período?

Perseverar en el espacio de intimidad personal por más que aparezcan las distracciones.

Y también: **no cambiar** de objetivos en la vida cotidiana sin un previo discernimiento.

Anticipos de lo que vendrá...

Durante esta etapa puede haber anticipos de los grados posteriores que te harán pregustar las cumbres de la vida plena psicológica y espiritual.

Crecerás y sanarás psicológicamente a pasos de gigante.

Muchas de nuestras "sensibilidades", que causaron fuertes heridas en nuestra psicología, son fruto de las raíces de las miserias interiores.

Por eso, Dios va vendando heridas a través del conocimiento de sí y la extirpación de estos movimientos interiores que no permiten la sanidad.

En lo religioso, es también una etapa de mayor conocimiento profundo de Dios y, si te mantienes fiel y no te vuelves atrás por miedo a las desolaciones sensibles, hay algo que te seducirá e invitará a seguir creciendo...

Ejercicio...

En esta etapa es más difícil realizar ejercicios por causa de los síntomas que antes te describíamos.

Pero igualmente podemos realizar juntos un ejercicio que pudiera otorgarte mayor luz sobre tu interioridad.

¿Qué te parece si en tu diario personal vas desmenuzando cada uno de los puntos de purificación que te exponemos a continuación, e intentas distinguir cómo se encuentra tu alma en cada uno de ellos?

¿Cómo estás respecto de tus excesos en las comidas o en las bebidas?

¿Cómo te encuentras respecto de tu necesidad de ser tenido en cuenta o consultado?

¿Cómo están tus pasiones más desbordantes, como la ira?

¿Has sufrido algún tipo de problema a raíz de una sexualidad desordenada?

¿Te encuentras armonizado respecto de tu economía personal?

Una vez finalizado el ejercicio...

La voz interior me lleva a verdes praderas...

Capítulo XI

Séptimo grado: Certeza y plenitud...

¡Qué maravilloso es llegar a estas profundidades!
Realmente, querido amigo y querida amiga, queremos desearte que algún día perseveres en esta aventura y te atrevas a alcanzar estos últimos grados.

Pareciera que en esta etapa los síntomas descriptos anteriormente, desaparecieran y dieran un respiro al alma.

Es que algunas cosas se van acomodando.

Por un lado, comienzas a aceptar lo que te sucede y te abandonas con más ímpetu.

Este ímpetu y abandono favorecen para que tu alma se sienta más apaciguada.

Por otro lado, las distracciones, que tantas dificultades te causaban en la etapa anterior, durante este período quedan reducidas a ubicarse en un lugar más periférico o desaparecen, y dejan de llamar tu atención.

Esto, que a simple vista pareciera un detalle mínimo, causa una satisfacción enorme a tu alma que ahora sí puede zambullirse a las insondables profundidades del interior sin luchar con estas alimañas externas.

¡Veamos los frutos...!

Durante esta etapa experimentarás grandes cambios.

La intimidad en la cual fuiste creciendo, y tu fortaleza en el vínculo con Dios, dejan reflejado en tu interior virtudes de humildad, mansedumbre, paciencia y la sobriedad.

Si bien anteriormente notabas tus imperfecciones a medida que ibas buceando en el interior de tu alma, en esta etapa descubres una **nueva serie** de ellas, que antes pasaban desapercibidas.

A medida que avanzas a mayor profundidad, se hacen más notorios todos los vicios o heridas, aun las más leves.

Pero aunque no lo creas, recién en la etapa siguiente notarás las grandes raíces de todas sus miserias.

Pero si bien notas estas nuevas miserias, aquí también notas con mayor nitidez los dones y tesoros que llevas adentro.

¡¡¡Y por esto tu alma se siente más que agradecida!!!

Anticipos de Cielo y desprecio por lo que queda fuera de él...

También comenzarás a notar lo maravilloso de ese mundo interior "tan antiguo y tan nuevo...", como decía San Agustín.

Tanto es así que las experiencias que comienza a gustar tu alma la dejan en una situación de perplejidad ante la experiencia del amor.

Es que a medida que más conoces tu interior, querido lector, más irás notando que en lo más íntimo se encuentra el Amor.

Y cuanto más cerca estés de ese centro, ¡¡¡más apreciaras sus maravillas!!!

¡Son **anticipos de Cielo**! Y esto es hermoso porque te empujará a querer alcanzar las alturas más encumbradas, haciendo que perseveres en los caminos de fidelidad emprendidos mucho tiempo atrás.

Pero tanta maravilla causa algo curioso...

Al gustar de tal manera los bienes que se encuentran escondidos en estas profundidades, surgirá cierto **desprecio** por todo lo que se encuentra en la superficie.

Tu alma experimentará que nada de la superficie le atrae. Quieres meterte en las cavernas secretas de su hondura.

Esta sensación, aparentemente tan maravillosa deja cierta huella de **tristeza** luego de cada experiencia, porque tu espíritu quisiera quedarse así eternamente en ese gustoso sabor.

Sin querer hacer una teoría aquí sobre las religiones orientales, quisiéramos agregar que en casi todas ellas parecieran llegar a describir experiencias parecidas a éstas.

Es decir, que gustan del Cielo y de lo Espiritual, por eso hay cierto desprecio por lo terrenal o hasta por lo corporal.

Veremos más adelante que el camino que te proponemos va más allá de esta etapa y te sorprenderás con una nueva visión de las realidades terrenas y también sobre el cuerpo que es "tu templo".

Dificultades para encontrar alguien que te guíe espiritual y psicológicamente...

Tal vez tengas algún desconcierto si tu forma de vida actual no concuerda con la invitación a sondear en los océanos interiores.

Antiguamente se suponía que sólo llegaban a estos grados algunos "elegidos" que solían vivir en monasterios para favorecer la vida de oración y contemplación.

Pero en la actualidad es sorprendente ver la cantidad de personas, creyentes o no, laicos, sacerdotes o religiosos de vida activa, que comienzan a experimentar estas vivencias y a los cuales no les es muy fácil encontrar ayuda o acompañamiento espiritual para secundar lo que les está sucediendo en el interior.

Generalmente se encuentran pastores o sacerdotes muy bien dispuestos para el acompañamiento o dirección espiritual pero que tal vez "hacen un poco de agua" sobre estas temáticas.

Algunos de ellos sugieren a sus acompañados o dirigidos continuar con sus vidas, restándole importancia a estas experiencias.

Aconsejan frecuentemente a esas personas seguir con la vida normal y no inmiscuirse demasiado en cosas que son propias de algunos que se dedican a la vida interior, a la oración, o al estudio de estas cosas (los letrados).

En esta etapa de vida interior te será sumamente difícil encontrar a alguien que pueda guiarte con certezas.

Por eso, tu alma puede llegar a experimentar aquí el mayor de los **horrores**.

Sabes del llamado interior que cada día te seduce más y te vuelves un poco **"loca"**, pero al mismo tiempo no encuentras la nueva forma de vida que pueda ayudarte a secundar este llamado sin dejar de ser responsable con tus actividades cotidianas.

¡¡¡Afortunadamente el Espíritu que llama desde lo profundo también suscita los medios para alcanzar este llamado!!!.

Desde hace varias décadas se experimenta en ciertas personas la necesidad de un vuelco hacia una espiritualidad más profunda.

Algunos han escogido prácticas como el Yoga, o espiritualidades orientales como el Hinduismo, el Budismo u otras tantas muy hermosas y ricas.

Otros han encontrado el tesoro escondido en la Iglesia Cristiana Evangélica o en la Católica.

Estas líneas pretenden mostrarte algunos de esos tesoros.

Pero no te quedes con estas escuetas líneas.

Vale la pena hacer un recorrido propio por estas profundidades y notar que hay Santos, de ayer y de hoy, que descubrieron estas riquezas, y "vendieron" todo para tratar de adquirirlas.

¡¡¡Realmente podemos afirmar y exclamar:

Tú, divino Dios, haces resonar tu maravillosa voz en este llamado interior, y eres mi "Tesoro"!!!

¿Celos y envidias alrededor?...

Aunque te cueste creer, también es una etapa en la cual comenzarás a experimentar ciertas dificultades con los que te rodean, porque crecerás en la vida del espíritu interior, y esto genera algunas envidias y celos alrededor.

Todavía tendrás muchas imperfecciones que son aprovechadas por estas personas para marcarlas y señalarlas de manera poco diplomática.

Tu alma se prepara así para una purificación más profunda que se dará en la siguiente etapa.

Tendrás que extirpar flaquezas que han quedado enraizadas, y que con sólo el esfuerzo personal de intentar mejorar no alcanza.

De cualquier manera, durante esta etapa, suele suceder que experimentarás mayor calma y certeza que en etapas anteriores, y pareciera que las tempestades del alma estuvieran más aquietadas.

Ejercicio...

A la luz de lo compartido en esta etapa:

¿Conoces alguna persona que te pueda ayudar a caminar por estos senderos?

Sería conveniente que consideres seriamente acercarte a alguien que te pueda ayudar a continuar creciendo, porque:

tu perseverancia en los ejercicios propuestos con anterioridad, y que luego de más de ciento ochenta páginas continúes leyendo este libro, ¡¡¡pueden llegar a ser indicadores muy válidos de que probablemente llegues a estas alturas pronto!!!.

Una vez finalizado el ejercicio...

Alma más y más enamorada de aquella voz que la llama desde las profundidades más secretas, anhelos de Cielo, desinterés por lo puramente superficial, claridad en las miserias interiores, y crecimiento en las virtudes, todo esto cohabitando con grandes imperfecciones, son la mezcla ideal que prepara para el siguiente grado de vida interior...

Capítulo XII

Octavo grado: "Locura de amor..."

Has notado que después de varias etapas, si realmente te zambulles en este océano interior, irás teniendo mayor conciencia de ti mismo, de tus miserias y de tus virtudes.

También seguramente que irás enamorándote más y más del llamado interior de amor que te espera en el centro de tu ser.

Pero ese amor no es como cualquier otro sino que hace perder el juicio al más sobrio.

Y esta etapa es la de aparente mayor **"locura de amor"**.

Tan centrada está tu alma en esa voz que la llama para adentro que por momentos pierde cierta percepción de la noción del **tiempo** y del **espacio**.

Cuando alguien está sumamente enamorado, suele perder tanto interés por las otras personas o actividades, que los demás lo notan **"volado"**.

Una de nuestras abuelas llamaba a las personas que se encontraban en este estado: "cabecita de novio".

Diferencia entre grado y experiencia aislada...

Tener una experiencia así, de pérdida de noción de tiempo y espacio, no significa estar en este grado.

Acordemos que hay muchas patologías físicas y psicológicas que tienen este mismo efecto.

Pero si esta experiencia fuera habitual y reiterativa durante algún tiempo, y tu vida psicológica y espiritual se profundizara y dejara ver los frutos del crecimiento interior, entonces podemos suponer que te encuentras en este grado.

¿Puede haber experiencias engañosas...?

Habitualmente no estamos preparados para acoger tan infinita experiencia del amor interior, pero por los frutos que deja en el alma podemos reconocer que dicha situación fue bien válida.

También este grado se puede confundir con alguna patología psíquica o simplemente confundir con la naturaleza humana desordenada.

Un trastorno de ansiedad severo o una psicosis (delirio místico) pudieran arrojar algunos síntomas similares para el ojo poco especializado en el tema.

Es necesario, entonces, un discernimiento prudencial maduro en donde se noten los frutos de madurez, coherencia de vida, equilibrio, y sanación en el alma para diagnosticar la etapa.

Los psicólogos sabemos que muchos pacientes llegan alterados al consultorio simplemente porque tienen algún problema laboral o afectivo pasajero, y no porque están atravesando una de estas etapas.

A otros, los médicos los diagnostican con algún problema hormonal de Tiroides.

Por eso es indispensable dar cuenta de todo el recorrido de la persona para poder diagnosticar que se encuentra en este octavo grado.

Pero volvamos a esas experiencias profundas...

Citas amorosas...

A estos toques profundos que puedes percibir en tu interior se los puede describir como "**citas**" amorosas con Dios.

Tales encuentros de "amor" dejan a tu alma a punto de desfallecer de pasión si no finalizaran prontamente.

Estas experiencias suelen durar algunos minutos, y esta corta duración es lo que marca justamente la diferencia con la etapa siguiente en donde el encuentro se hace más duradero.

Pero cuando finaliza este breve rapto de amor, la vuelta a la "**normalidad**" comienza a ser **intolerable** y hunde al alma en cierto sentimiento de "orfandad" o desamparo.

Ya desearías estar enteramente en los brazos de ese Amor.

Pero para correr el velo, y quedar abrazado en esa "profundidad profunda", todavía hará falta que se extirpe toda raíz de vicio de tu interior.

Pero ¿por qué tendrá que pasar tu alma por esta situación para poder arribar a la siguiente etapa?

Veamos si te convence esta explicación.

Cuando alguien está enamorado de su pareja, generalmente reclama toda la atención de su enamorado.

Dicha persona no toleraría que el corazón de su amado o amada estuviera dividido entre otros amores.

Tan cierto es esto que aún las parejas más liberales suelen, muchas veces (a escondidas) consultar al psicólogo por la angustia que les genera saber que su pareja podría estar con otra persona.

¡¡¡Muchos se hacen lo "liberales" y "superados" cuando están en público pero luego están hechos unos trapos de piso en el consultorio cuando pueden contar en intimidad que tienen celos!!!

Sano y Santo...

Por eso para crecer hasta lo máximo en lo psicológico y en lo espiritual tampoco tendrás que tener el corazón dividido.

Es decir que no habrá **sanidad** completa en lo psicológico si primero no se extirpan todos los indicios de esclavitudes como los vicios físicos o mentales, adicciones, complejos, sensibilidades exageradas, prejuicios, distorsiones afectivas, ansiedades, depresiones, desordenes de la alimentación, pasiones desordenadas, envidias, tristezas excedidas, y otras tantas patologías.

Tampoco habrá **santidad** completa si primero no se extirpan todos los indicios de soberbias espirituales, perezas, irritaciones, vanidades, acedias, falta de entrega al amor, y otras tantas enfermedades espirituales.

Una nueva tormenta...

Hasta las etapas anteriores la poda había sido una purificación por momentos incómoda, pero igualmente todavía de naturaleza superficial.

Ahora la poda comienza yendo a las profundidades de las miserias más enraizadas en el interior humano.

Es un período contradictorio porque notarás la cercanía del Amor, es decir de Dios, en el centro del alma, con experiencias fuertes de su presencia, al tiempo que distinguirás claramente las miserias que te impiden seguir creciendo o ser plenamente feliz.

¿Cómo vamos, amigo lector? Muchas cosas nuevas, ¿verdad?

Ahora, después de haber leído tanto, ¿sabías antes de emprender la lectura de este libro que existían tantas maravillas tan cerca de ti?

Es allí en **tu interior** donde se encuentran tantos tesoros.

Tal vez ya lo intuías de alguna manera y esa intuición te llevó a conseguir este libro.

Por eso, para nosotros es hermoso poder contarte estas cosas para que tú también descubras las maravillas insondables que se encuentran dentro de ti.

Aflora el inconsciente...

Estos estados, a los cuales arribarás luego de haber atravesado los grados descriptos anteriormente, favorecen el debilitamiento de tus defensas conscientes.

Son parecidos a los estados que suceden mientras duermes por las noches.

Por eso, como en los sueños, afloran muchas **emociones inconscientes**.

Durante estos estados, podrás vislumbrarse algunos sentimientos que permanecían ocultos y que eran obstáculos en el camino de crecimiento.

Los psicólogos psicoanalistas han intentado llegar a estos estados con diferentes metodologías para ayudar a sus pacientes a exteriorizar lo que estaba oculto.

Enojo o ira oculta, sensualidad no purificada, afectos desordenados por carencias afectivas, búsqueda de gloria personal, miedos, y otras tantas pulsiones escondidas.

Es muy bueno que esto aflore al consciente para poder ser elaborado, aunque asuste un poco en un primer momento.

Tal vez suponías que todo este material había sido procesado anteriormente y por eso te sorprendas ante la aparición de lo que parecía superado.

¡¡¡Este estado favorece para que el Cirujano Dios arremeta con su bisturí hasta las profundidades de tu alma y termine con la operación!!!

Por ende, se producirá una tremenda sanación, ya no sólo en cuanto al vínculo con otros y con Dios, también con las cuestiones espirituales, y también con las circunstancias que atraviesas en cada realidad cotidiana.

Es más, las circunstancias cotidianas son justamente las que Dios va a aprovechar para operarte en lo familiar, en lo laboral, en lo comunitario u en otras áreas.

No hay realidad que escape a esta purgación para tu alma que se atrevió a decirle que sí a ese llamado interior del amor de Dios.

Algunos puntos de sanación para tener en cuenta...

Te sanarás:

De la **arrogancia** que te impide apreciar lo que no es del todo perfecto, o que te hace querer imponer tus criterios a todos por creer que estas más cerca de la verdad.

Del **engreimiento** que busca continuamente gloriarse por lo que se va gestando en el interior.

De la **ambición** que pretende tener todos los dones personales o gracias.

De aquellos pequeños **apegos** intelectuales de donde te aferraste como si fueran bienes materiales.

Durante esta etapa pueden sucederte hechos inesperados que permitan que se te pierdan muchos "bienes", sobre todo los que tienen que ver con la fama, la imagen, títulos, buen nombre, u otros.

Un ejemplo...

Recientemente una persona cercana a nosotros, que por sus características estaría atravesando esta etapa (sin saberlo), repentinamente fue dejada de lado en su puesto laboral luego de treinta años de entrega y servicio en su empresa.

Tal situación la humilló y entristeció profundamente. Es una mujer verdaderamente talentosa y virtuosa, prudente y sabia. Justamente con características típicas de los que han llegado a estas profundidades.

Pero en esta ocasión, ella sólo podía ver la injusticia de la actitud de su jefe.

Tal vez sea un pequeño consuelo para su alma pero esto es justamente lo que puede sucederle a los que se atreven a escalar las fosas profundas de su interioridad.

A todos nos puede suceder algo parecido, pero una situación como esta, leída en clave de esta etapa, te ayudará a darte cuenta que debes liberarte de las seguridades laborales, o de las bondades de la "antigüedad" en una empresa, o de los apegos a lo que "debería" ser justo.

Liberándote de estas "seguridades", puramente humanas, llegarías velozmente a abandonarte a la esperanza de aquel que sabe que todo sucede para bien.

Y esto sí que sería una gran **sanación** psicológica, una **maduración** espiritual y una gran **liberación**.

También te sanarás, en esta etapa:

De la **intolerancia** hacia las imperfecciones propias o de los demás.

De la **rebeldía** y resistencias por no aceptar totalmente las circunstancias providenciales.

Algunos acontecimientos de humillación pueden generarte todavía enojos.

Tal vez haya personas a tu alrededor que continúan marcándote las imperfecciones y esto puede generarte mayores irritaciones.

Violencia que no debe ser respondida con más violencia.

¡Muchas espadas deberás guardar durante esta etapa si quieres continuar creciendo!

De la **flojera** para utilizar las herramientas que te proponen para caminar y crecer. Como, por ejemplo, ¡¡¡perseverar en el espacio de intimidad diaria!!!

De la **voracidad** que intentará buscar lo que es agradable para tu yo y huir de lo nuevo que está fuera de tu zona de confort.

Del **miedo** y del **terror** al sufrimiento que pueden hacerte evadir el crecimiento.

En esta etapa todavía pueden perdurar ciertos **apegos sensuales** y apegos del carácter, espirituales o tal vez psicológicos o físicos, pero que todavía hablan de que tu alma sigue guardando gustos que no son propios de alguien bien sano y maduro.

Y de los **celos** que impiden alegrarte de los bienes que alcanzaron aquellos que lograron tener una vida más exitosa y sin tantas tormentas...

La tormenta perfecta...

A lo largo del camino espiritual tu alma fue aprendiendo a templarse, como veíamos en un principio.

De repente, cuando te considerabas más templado, una circunstancia particular externa es propicia para dispararte una **ira** incontenible.

Surge así una emoción que te sorprende, sin darte cuenta.

Viene desde lo más profundo.

Sobre esa emoción parecieras no tener barreras psicológicas que pudieran encausar semejante caudal.

La ira arremete con tal brutalidad que deja tu alma desconcertada ante lo imprevisto de su proceder.

Luego, como fruto de este **primer** "**tsunami**" espiritual, queda tras de ti, un alma desbastada e inmersa en las certezas de sus miserias y con la posibilidad abierta de perder lo poco que había conseguido hasta el momento.

Aquí la humildad se hace más tangible, porque comprendes que nada puedes por vos mismo.

Ya no podrás levantar tu dedo acusador contra nadie más.
Ya no puedes juzgarte como mejor que nadie.
Ya no podrás vanagloriarte de ningún logro.

Para peor, otro **segundo** "**tsunami**", pero ahora de naturaleza sensiblera, arremete contra las costas apacibles de la templanza lograda durante la reposada etapa del séptimo grado.

La **sexualidad**, sensualidad, y amores desordenados irrumpen tempestivamente en tu interioridad que aparentaba armonizada.

Cuando el tsunami se retira, deja tras de sí un alma que ahora conoce con certeza que **no sabe amar**.

Reconoces entonces que tu forma de amar está atravesada por los movimientos más lúgubres y espantosos.

El alma espantada de sí misma comienza a suponer que nunca llegará a dar nuevos pasos ante semejante miseria que ha aparecido nuevamente.

Tal situación te deja a merced de un **tercer** "**tsunami**".

Arremete así la tempestad del aturdimiento, con su ola inmensa de "**dudas**", que baña las pobres certezas que habías conseguido al haber estado "creciendo" en el camino espiritual de los últimos años.

Tal torbellino siembra dudas sobre si realmente este sendero te conduce hacia la plenitud o hacia lo absurdo.

¿Cómo puede suceder que luego de un largo recorrido, en donde aparentabas haber estado creciendo, surjan, de la nada, estos movimientos espantosos?, se preguntará tu alma.

Alma abatida y perpleja, conocimiento de la propia limitación, sensación de ser expulsada al mismísimo infierno interior, son los tintes del espectro que atraviesa esta **"mortífera"** etapa.

El alma se encuentra tan abatida, sola, y segura de que no puede dar un paso más, que comienza a sentir los primeros indicadores de la...

Muerte...

Paradójicamente esta etapa finaliza con la muerte de tu **amor propio**.

Este amor propio no se trata de la sana autoestima, de la cual hablamos mucho en el audiolibro "Taller Para Caminar Hacia La Libertad" (y que puedes adquirir escribiéndonos al mail: toioines@yahoo.com.ar), sino del amor propio desproporcionado que centraliza la vida en auto referencia y en donde se pretende que el universo gire alrededor de uno mismo.

Tu alma aquí cada vez se desprende más y más de a lo que antes le otorgaba suma importancia.

Ahora quieres vivir solamente mirando a Dios, y desde aquella recóndita morada vislumbrar las realidades exteriores pero ya con "otros ojos".

Sanación y purificación de la memoria...

También durante este período tendrás un proceso enorme de sanación que se realizará a través de una fuerte purificación de la "memoria".

Se transformarán tus recuerdos dolorosos. No es que olvidarás las experiencias dolorosas del pasado, pero sí adquirirán otro tinte.

Esto supone una intensa sanación de la memoria, es decir de los recuerdos de experiencias dolorosas, humillantes, pérdidas, duelos mal elaborados, y frustraciones.

Muchos recuerdos recurrentes te alejaban o distraían del camino establecido. Tal vez te proponían cierta nostalgia.

Ahora se reconstruirán a través de una vivencia interior en la cual el alma, inundada de amor, los experimentará de manera diferente y armonizada.

De esta manera se transformarán los recuerdos y quedarán descartados todos aquellos que no te edifiquen.

¡Qué maravilloso es este caminar! ¿Te parece?

Verdaderamente podemos agradecer que fueron muchos los santos que nos precedieron y nos fueron compartiendo sus experiencias para que nosotros también ahora tengamos el camino más allanado.

Es esa famosa "**Alianza**" de Dios con cada uno de nosotros.

Pero en alguna parte de la etapa puede surgirte una vivencia sumamente llamativa...

Desposorio espiritual...

¡¡¡Mira que te fuimos dando nombres y experiencias extrañas a lo largo de cada etapa!!!

Aquí hay una experiencia llamativa que se llama "desposorio espiritual".

El desposorio es una visita amorosa de Dios, pero en la cual Dios mismo promete al alma llevarla hasta las más altas cumbres del amor.

Es algo así como el compromiso de los novios antes de casarse.

Por lo tanto es el antecedente del futuro "**matrimonio espiritual**".

¿Te das cuenta cómo fue cambiando el vínculo con Dios en la interioridad del alma desde los primeros grados hasta ahora?

Durante los sucesivos grados, tu alma comienza a experimentar un cambio en la forma en que se relaciona con los demás y con Dios.

Al principio tal vez experimentabas cierta distancia de Dios en los primeros grados.

Luego, experimentabas a Dios más cercano pero todavía externo.

Después se manifiesta Dios en tu interior y comienza un período de intimidad propio de la "amistad".

Pero en estos últimos grados tu alma comienza a vivir un amor "**esponsal**" con Dios.

¿Pero qué significa "esponsal"?

La relación matrimonial metaforiza mejor esta reciprocidad en el vínculo.

No es lo mismo describir un vínculo como una relación de amistad que como una relación matrimonial.

La relación matrimonial describe de manera más acabada el vínculo que mantiene el alma con Dios durante este período.

Esta experiencia de profunda intimidad deja una sensación de confianza tan grande en el alma, que la coloca en un estado de mayor abandono y espera confiada en lo que vendrá...

Ejercicio...

Es difícil buscar algún tipo de ejercicio que se adecue a la experiencia de esta etapa.

Veamos si el siguiente ejercicio logra seducirte...

Te invitamos a que saborees algún pasaje del Cantar de los Cantares, que es uno de los libros de la Biblia, o algunas de las poesías de San Juan de la Cruz.

A ambas propuestas las puedes encontrar por Internet si no tienes una Biblia o los libros de San Juan de la Cruz a mano.

Así la lectura religiosa te introducirá en una relación esponsal que pudiera ser comparable con el vínculo que se sostiene en esta etapa entre el alma y Dios.

Luego intenta identificarte con los diferentes personajes de la trama en su búsqueda desesperada por su Amado...

La intimidad con el Amado es tan profunda que se acorta la distancia hasta la imposibilidad del habla.

De manera similar sucede en la unión entre el hombre y la mujer. En su momento más sublime hay poco espacio para el diálogo verbal...

Y una vez allí, quédate y sumérgete en el Amor...

> "Tras un amoroso lance, y no de esperanza falto,
> Volé tan alto tan alto, que le dí a la caza alcance..."
> (Poesía de San Juan de la Cruz)

Una vez finalizado el momento de intimidad con Dios nos volvemos a encontrar...

¡¡¡Bienvenido nuevamente!!!

Si te parece, te insinuamos nuevamente que vuelques en tu diario personal todo aquello que experimentaste durante este momento de ¡intimidad íntima!

Capítulo XIII

Noveno grado: Pasión de Amor...

Aquí se quema totalmente tu alma con el fuego de Amor abrasador, y se funde sin perder su propia naturaleza.

Hasta aquí te habíamos descripto sobre las ansiedades típicas del deseo de estar lo más pronto posible junto a la fuente de tanto amor, y al mismo tiempo podías tal vez experimentar los desgarros de la distancia por las miserias propias.

Pero aquí, en estas alturas, desaparecen los "apuros", porque ya vivís la experiencia cotidiana de intimidad con el Amado (Dios).

Amor de los amores que te mueve interiormente a irradiar su Espíritu allí donde vayas.

Intimidad íntima...

El camino llega al principio del final definitivo.

Tal experiencia de amor te deja la certeza de la **inhabitación** del alma en su propio seno junto a la fuente del amor.

Pero ¿de qué estamos hablando al decir "inhabitación divina" en tu alma?

Experiencia Divina en el alma.

"Si alguno me ama, guardará mi palabra, y mi Padre le amará, y vendremos a él, y haremos morada en él". (Juan 14, 23).

He aquí los anhelos más profundos del hombre, y en esta frase del Evangelio se resume el camino interior.

¡Ser habitado por Dios! ¡¡¡Qué maravilla!!!

Pasión de Amor, que habla de amor maduro, de amor eterno, para siempre, de entrega mutua, de darse el uno al otro definitivamente, ¡de ser los dos, uno!

En el Cantar de los Cantares, del Antiguo Testamento, en uno de sus últimos versículos, se expresa este pensar de manera estupenda cuando dice:

> **"Ponme como sello en tu corazón,**
> **como un sello en tu brazo.**
> **Que es fuerte el amor como la muerte,**
> **implacable como el infierno la pasión.**
> **Sus flechas son dardos de fuego,**
> **como llama de Yahvé.**
> **No pueden los torrentes apagar el amor,**
> **ni los ríos anegarlo..."**

Nada puede apagar un amor eterno como el de Dios.

Está en nosotros retribuirlo, dándonos, entregándonos a ese amor incondicional, buceando hasta donde sea para alcanzarlo.

Y lo único que espera a cambio es la entrega total y recíproca tuya, que sólo puede llevarse a cabo con plena libertad interior, sin pasiones desordenadas, y con una **psicología sana**.

Engendrando hijos...

Esta experiencia de reciprocidad con Dios abre la puerta a la co-creación.

Engendrarás obras e hijos espirituales como fruto de esta experiencia, como fruto de estas profundidades, como fruto de un alma embebida en la plenitud de la sanación y de la santidad.

Por eso, este último grado habla de "**fecundar**", sin importar la edad, como le pasó a Abraham, que con casi cien años Dios le promete "engendrar" un pueblo tan numeroso como las arenas del mar.

Es Dios mismo el que te llama desde el interior, por lo cual no hay hombre que pueda separar esta alianza.

Proximidades con espiritualidades orientales...

Cuando se comienza a contemplar los deseos inmensos de los sabios y santos orientales en sus luchas por alcanzar lo Trascendente, podemos juntos notar que esas mismas ansias también son profundamente compartidas por los místicos cristianos.

Si se pudiera marcar una pequeña diferencia entre ambas búsquedas, se podría encontrar en esta etapa.

Fijémonos que en estas cumbres se marca la diferencia con espiritualidades orientales que buscan separarse lo más posible de las realidades terrenas, y anhelan unirse a Dios **distanciándose** del "**mundo**".

Así también sucede en el camino que te fuimos describiendo hasta la etapa anterior.

¿Te acuerdas?

"Muero porque no muero" decía Santa Teresa cuando atravesaba la etapa anterior.

Pero a partir de aquí, el alma cristiana **reelabora** la experiencia de la vida cotidiana y se vuelve a las realidades externas suficientemente transformada para asumirlas con nuevos objetivos.

Tanto amor experimenta tu alma que serías capaz de vivir miles de años más, si fuera necesario, porque ahora estas transformada/o como una nueva mariposa que sale de su envoltura.

Además, tu alma comienza a percibir el estar continuamente en la compañía del Amor. Por eso no hay apuros.

Ya se está casi como en el cielo.

Algo de lo que decía Santa Teresita del Niño Jesús, mística de principios del siglo veinte, cuando profería:

> "**que mi cielo sea hacer el bien sobre la tierra**".

Por eso asumes las realidades terrenas con otros ojos.

Se padecería cualquier sufrimiento con tal de que las otras almas conozcan el inmenso amor que está escondido en su propia interioridad.

¡Verdaderamente hay riqueza en la espiritualidad contemplativa!

¿Quién puede seguir adelante en su vida sin tener en cuenta tanta riqueza que está esperando, almas que la valoren y que vendan sus "otras riquezas" para adquirir ésta?

¡Es el mayor de los tesoros!

Vista aérea...

Ahora contemplemos a vuelo de pájaro todo este proceso.

Imaginemos los cambios interiores que se fueron produciendo, durante estas etapas, en tu alma, si perseveras en el camino.

Pensemos en cómo este camino te ayuda a ir dejando de lado las inseguridades y los miedos.

A su vez vas sanando heridas de todo tipo, y experimentas un cambio profundo.

Si realmente comienzas una vida de crecimiento interior serio, pronto verás un camino que te transformará íntegramente hasta llevarte a la libertad que se experimenta en el vuelo hacia las alturas.

Toda esta experiencia de intimidad transformará la totalidad de tu persona y quedan atrás todos los trastornos que podías haber tenido en un principio.

¿Qué tal? ¿No te gustaría vivir esta experiencia?.

¡Nadie que se haya embarcado en esta empresa de buscar a Dios hasta donde sea necesario, ha quedado defraudado!

Se necesita sólo de tu disponibilidad.

Ejercicio...

Te alentamos a que ahora puedas volcar en tu diario todas aquellas ideas que han quedado guardadas en tu interior a lo largo de la lectura.

¿Cuáles fueron aquellas frases que quedaron resonando en ti?

¿Qué frutos se fueron gestando en tu interior a lo largo de las páginas y de los días de lectura?

Anota los frutos en tu diario personal para dar gracias por tantas maravillas que suceden en tu vida.

Después del ejercicio nos volvemos a encontrar...

¡¡¡Bienvenido nuevamente!!!

Continúa firme y constante en tu espacio de intimidad diario, y cuando te parezca, puedes ampliar unos minutos dicho momento único.

Lo mejor es ir de a pasos pequeños.

Ejemplo: 10 minutos más por unos meses y luego ir aumentando.

¡Qué camino maravilloso!, pero ahora sería conveniente volver a algunas ideas iniciales para reforzarlas un poco...

Capítulo XIV

¡Hacia Sanos y Santos…!

Crecer en este caminar te abre hacia un sendero extraordinario, que queremos compartir contigo como cierre de este primer libro.

¿Cómo es todo este movimiento interior…?

Tanto en la experiencia personal, como en el consultorio, notamos que todos aquellos que se han lanzado a la aventura de crecer en el espacio de intimidad diaria, experimentan una libertad profunda que no han conseguido por otros medios.

Remedio para el "sin sentido"…

Crecer en el vínculo interior con Dios será **fuente de sanación** de todo tipo para tu vida.

Crecerás en **confianza** sabiendo que los planes de Dios son mejores y superan ampliamente a los tuyos.

Éste es el mejor remedio para todas aquellas veces que sufras la **crisis** de la pérdida del **sentido de vida**.

Remedio para la "desesperanza aprendida"…

Crecer en la interioridad será fuente de **Esperanza, sabiendo** que todo lo que te propone Dios es para tu bien, y ése es el mejor remedio para la depresión, mil veces más potente que el mejor "**Antidepresivo**", ¡y sin contraindicaciones!

Te hará sentirte protegido y cuidado en cada circunstancia.

Contra la "Ansiedad"...

Este crecimiento también te dará **certezas** de compartir un "Reino", que tiene todo lo que necesitas para vivir pleno de gozo interior y no sólo a base de algunos ratos de fervor humano.

Además te dará confianza para atravesar cualquier circunstancia de incertidumbre. Es decir que te ayudará a que la ansiedad no trepe a valores de estrés.

Esa certeza es muy buen "**Ansiolítico**" para todas aquellas veces que sufras trastornos de ansiedad, ataques de pánico, u otros padeceres.

¡Primer remedio contra la "soberbia"...!

También este sendero te dará herramientas para crecer en **Humildad**, el mejor antídoto contra el veneno de la **soberbia**, que tanto emponzoña tu vida y la de los que te rodean.

Remedio contra la alienación...

Ser hijos también te hace amar lo que Dios Padre hizo para vos, y éste es el mejor remedio para muchos males.

Por ejemplo: te alentará a **insertarte en el mundo** que Dios te dio.

Te introduce también más en las realidades individuales, familiares, comunitarias, sociales, y te protege del **espiritualismo alienante** que te aleja de toda realidad para vivir en un mundo fantasioso.

Te empujará a cuidar y a amar todo lo creado y a trabajar en unidad con todos los movimientos ecológicos que tienen en cuenta la **protección de la naturaleza**.

Remedio contra la xenofobia...

También conocer la intimidad más profunda tuya te ayudará a sentirte "**hermano**" de todos, y es el mejor remedio para los **odios de todo tipo**, familiares, comunitarios o sociales, como la xenofobia.

Remedio contra la "fobia"...

También te hará perder todo tipo de miedos, porque hasta el **miedo a la muerte**, que en última instancia es la madre de todos los miedos, se supera sabiendo que Dios te habla de algo eterno, de algo que está más allá de todo dolor o sufrimiento humano.

Y éste es un remedio bien válido para todas aquellas veces que sufras de **fobias** de cualquier clase.

Cuando una persona sufre un ataque de pánico, o de miedo, responde a un temor profundo al sufrimiento y hasta a la muerte.

Crecer en el espacio interior te tornará pleno, de tal manera que serás fuente de cambios en vos mismo y en todo tu entorno.

¡¡¡Evaluemos por los frutos...!!!

Quisiéramos, querido amigo lector, que vivas con profunda alegría este caminar, y que busques todo aquello que la voz del Amor te susurre desde tu interior.

Puedes probar si son ciertas o falsas estas ideas, y hacer el experimento de seguir la propuesta por un tiempo y evaluar por los frutos.

Quisiéramos saber sobre estos frutos.
¡Que estas líneas no queden sólo con haberlas leído!.
¡Hay que hacerlas vida!

Escríbenos a: toioines2@yahoo.com.ar

Por eso queremos proponerte, que continuemos en contacto, y que sigamos creciendo juntos, para algún día cantar las alegrías eternas a Dios en la comunión de los Santos.

Propuesta Final...

Ahora es tiempo que continúes "trabajando" en tu sanación y santidad personal y que también la **irradies** a otros todo lo aprendido.

Para despedirnos te proponemos algunas sugerencias que te pueden ayudar para continuar sobre este sendero.

Queremos presentarte querido amigo y compañero de aventuras, **con entusiasmo**, otro libro que hemos escrito y que se llama:

"Camino a la Libertad".

Esta obra te acerca **herramientas** para evaluar y dar pasos en todas las áreas de tu vida.

Nuestra idea es ayudarte a alcanzar la libertad necesaria para elegir el **estilo de vida** que **deseas** y **mereces**.

Quizás hayas crecido en algún aspecto particular a pasos de **gigante**, pero tu vida en el resto de las áreas no refleja ese crecimiento.

Tal vez te encuentres entrampado en vínculos tóxicos.

Tal vez esté sometido a emociones interiores que te esclavizan como los celos o las envidias.

Por allí padeces esclavitudes afectivas de **depresión, ansiedad, o angustia**.

Quien sabe si no tienes esclavitudes vinculares en base al **poder** que otros ejercen sobre ti, o te sientes **solo** en este mundo.

Tal vez te encuentres **endeudado** hasta la coronilla o presentas una situación económica desordenada, o estás atravesando circunstancias de **sometimiento laboral** que podrían evitarse.

Posiblemente te encuentres bajo la esclavitud de un estilo de vida **escasamente saludable,** y los kilos de más hablan impúdicamente de ello.

O tal vez en tu vida la palabra "**Disfrute**" se te escurrió entre los dedos como lo haría la arena.

Este libro intenta proponerte estrategias para que crezcas en diferentes áreas.

Muchos lectores nos han enviado testimonios increíbles.

A muchas personas este libro les cambió la vida en numerosos aspectos vinculares, emocionales, espirituales, económicos, en su estilo de vida, en la vocación, o en el disfrute.

Taller en forma de audio...

"Taller Para Caminar Hacia la Libertad".

Esta es una obra en formato de **audio**, de manera que los puedas escuchar en tu celular o en tu automóvil o en tu computadora.

Son una serie de **26 CDs** divididos en cuatro grandes áreas:
1. **Espiritualidad e Intimidad** (6 CDs)
2. **Afectividad y Vínculos** (7 CDs)
3. **Economía Personal y Vocación** (7 CDs)
4. **Estilo de Vida y Disfrute** (6 CDs)

Cada área tiene una introducción donde se definen conceptos concretos y claros para poder evaluar tu vida desde diferentes perspectivas.

Es una **obra amplísima** para dar pasos en cada aspecto.

Con ellos aprenderás sobre ti mismo, sobre la relación con los demás y sobre tu afectividad.

También sabrás con mayor certeza sobre tu vocación.

Obtendrás herramientas para crecer y alcanzar la libertad económica.

Observarás y trabajarás en la construcción del Estilo de Vida que deseas y sueñas.

Otros audios individuales...

También hay otra serie de audios de temas individuales que amplían lo trabajado en los talleres según el área de interés en el que quieras profundizar:

Cómo mejorar el vínculo con nuestros hijos.
Cómo mejorar el vínculo de pareja.
Creciendo en autoestima.
Sanando las heridas interiores.
Cómo atravesar las noches espirituales.
Dando pasos en la vida de oración contemplativa.
Ser contemplativo en la ciudad.
Trabajando nuestra agenda.

Profundizar en la libertad económica.
Cómo armar canaletas económicas.
Diseña la vida que sueñas.

A su vez, como continuidad del libro y de los audios, hemos trabajado junto con nuestro amigo y socio **Edgar Podestá** en la organización de una serie de talleres que ayudan a llevar adelante en la vida cotidiana los conceptos vertidos en el libro "Camino a la Libertad".

"Pura Vida"

"Pura Vida" es una organización que focaliza en la formación de diferentes Talleres que nos permiten acompañarte en tu proceso de crecimiento hacia la libertad en cada área de tu vida.

Estos Talleres son una herramienta óptima para lograr los frutos que buscas.

Porque creemos que no es suficiente con leer un buen libro para alcanzar los logros que te mereces.

Por eso los talleres sirven para perseverar a lo largo de los meses en el proceso de crecimiento hasta que los hábitos se instalen de manera permanente en tu vida.

Estos Talleres mantienen varios formatos posibles, para que se adapten a tus posibilidades.

Taller en forma de grupos de acompañamiento...

Puedas **participar** del Taller "Camino a la Libertad" o "Crecer en Fecundidad" en alguna de las ciudades donde se dicte, uniéndote a un grupo de personas que quieren crecer como tú, con un programa de trabajo determinado que ayuda a perseverar en los cambios y en el crecimiento.

Crecer en soledad es más difícil. Unirte a otros que buscan el mismo objetivo de libertad es una forma estupenda de comprometerte con los cambios.

Los grupos se reúnen con diferentes frecuencias según las posibilidades de cada lugar.

Participar en los grupos es la forma de recibir el acompañamiento necesario para perseverar.

Taller en forma de proyecto vocacional y laboral...

Muchos que se han formado con nuestros libros y talleres, luego han sentido un llamado particular a incorporarse desde algún sentido a nuestra **organización**.

Algunos ayudan a organizar los talleres en sus ciudades.

Otros ayudan a irradiar el mensaje en escuelas u otras instituciones y organizaciones.

Otros quieren formarse más aún para ser parte de los equipos que dictan los talleres.

¿Te imaginas que cada alumno de las escuelas cristianas pueda acceder a los audios o libros que lo ayuden a dar pasos de libertad en cada área y también a discernir su vocación?

¿Te imaginas que cada maestro de las escuelas cristianas pueda acceder a los audios o libros que lo ayuden a dar pasos para acompañar a los alumnos hacia la libertad y alentarlos en su vocación?

¿Te imaginas que cada empresario pueda ver que en la vida hay diferentes áreas para focalizar, y así puedan dar pasos en su vida vincular, espiritual o en la calidad de vida?

¿Te imaginas que cada empleado de una fábrica pueda acceder a estos talleres o materiales que los ayuden a conseguir la libertad económica, laboral, afectiva o espiritual que desean en lo profundo?

Tú puedes ser parte de esta ola y subirte a la cresta para surfear por los mares, mar adentro, ¡¡¡hacia las libertades más plenas del hombre!!!

¡¡Es decir que ahora no tienes excusas!!

¡¡¡Tienes ante ti todas las herramientas necesarias para crecer en libertad!!!

Ahora sabes que eres co-creador de tu propio futuro.

Queremos saber más sobre ti y de cómo te fue en la lectura de este libro

Queremos saber de tus logros y de cada paso de libertad.

Queremos saber de tu vida y tus anhelos, para alegrarnos contigo.

Para comunicarte con nosotros escríbenos al siguiente mail:
toioines2@yahoo.com.ar

Nos encontraremos en algún taller, encuentro, retiro, en un próximo libro, en un audio...

Felicitaciones por haber llegado a esta parte del libro y ser perseverante en la lectura.

Es decir, ¡superaste las estadísticas!

Este es un signo de que hay muy buenos recursos interiores en tu vida que te ayudarán a perseverar en el camino de crecimiento sin límites, y que es muy probable que llegues bien lejos en lo profundo.

¡¡¡Gloria a Dios por esto!!!

Quedamos a tu entera disposición para preguntas, consultas, o sugerencias en nuestra dirección de e-mail:

toioines2@yahoo.com.ar

y también en nuestra página web:

www.wix.com/toioines/volemosalto

¡Esperamos las victorias de tu vida, y así juntos alegrarnos por los pasos dados!.

Continúa con constancia en este caminar y, si aceptas el desafío de bucear en ese sentido, lo demás será añadidura...

¡Te amamos en Dios!

Inés y Toio

Bibliografía recomendada

- ✓ Sobre el proceso de oración: "Hacia la Unión con Dios por medio de la oración I y II", Padre Alberto Ibáñez Padilla S.J, Editorial Comunidad de Convivencias.
- ✓ Sobre la oración en lenguas: "Lenguas" I, II, III, IV, y V. Padre Alberto Ibáñez Padilla S.J.
- ✓ Sobre las virtudes y vicios capitales: "El lazo se rompió y volamos". Padre Horacio Bojorge S.J. Editorial Lumen, 2001.
- ✓ Sobre la acedia: "En mi sed me dieron vinagre". Padre Horacio Bojorge S.J. Editorial Lumen, 1999.
- ✓ Sobre el camino de perfección cristiana: "Teología de la Perfección Cristiana". Fr. Antonio Royo Marín O.P. Editorial Biblioteca de Autores Cristianos, 1962.
- ✓ Sobre las Virtudes: "El Catecismo de las Virtudes". Fr. Francisco Palau y Quer. Textos Paulatinos, 1977.
- ✓ Sobre el camino de oración: "Obras Completas de Santa Teresa". Santa Teresa de Ávila. Editorial Biblioteca de Autores Cristianos, 1974.
- ✓ Sobre las Noches Espirituales y el camino de oración: "Obras Completas de San Juan de la Cruz". San Juan de la Cruz. Editorial Monte Carmelo, 1997.
- ✓ Sobre el abandono activo al amor de Dios, de Santa Teresita: "Mi Vocación es el Amor" P. Jean Lafrance.

Inés Cecilia Gianni y Toio (Víctor Manuel) Muñoz Larreta
Licenciados en Psicología (UBA)
Terapia Breve Sistémica, Psicología Corporal, y Logoterapia, orientadas al crecimiento interior y al desarrollo personal.

Retiros Espirituales recomendados

Presentamos las siete Convivencias con Dios que reflejan la Escuela de Espiritualidad de la Comunidad de Convivencias.

- ✓ **Convivencia con Cristo:** Doctrina cristiana a la luz de la Historia de la Salvación. Retiro espiritual intensivo con formación cristiana integral.
- ✓ **Convivencia con Pablo:** Propone la teología paulina en puntos tales como el Señorío de Cristo, la gracia, la moral centrada en el amor, y la fidelidad a la Iglesia.
- ✓ **Convivencia con Pedro:** Hace vivir la Historia de la Iglesia, partiendo del Evangelio de Marcos, las cartas de Pedro y los Deuterocanónicos, infundiendo amor a la Jerarquía de la Iglesia, al Derecho Canónico, la liturgia, y las tradiciones católicas.
- ✓ **Convivencia con María:** Ahonda en conocimientos teológicos-bíblicos, a través del Cantar de los Cantares y de los escritos de San Juan. Hace progresar en la oración contemplativa.
- ✓ **Convivencia con el Espíritu:** Descubre nuevas facetas del Espíritu Santo, partiendo de su quehacer en el universo, en la Iglesia, y en cada hombre. Nos presenta los grados de oración contemplativa, discerniéndolos desde las ligaduras.
- ✓ **Convivencia con la Trinidad:** Proceso con que Dios nos fue revelando su vida íntima en la historia de Israel, en tiempos de Jesús, y en la Iglesia primitiva. Avanza en teología espiritual, y deja vislumbrar las cumbres de la mística. Noche del espíritu y Desposorio Místico.
- ✓ **Convivencia con Dios Amor:** Cumbre de la mística católica. Discernimiento profundo de la oración personal. Matrimonio Espiritual y Unión Transformante.

Comunidad de Convivencias: Comunidad miembro de la Fraternidad Católica de Comunidades Carismáticas de Alianza, aprobada por la Conferencia Episcopal Argentina.

Informes: en Capital Federal, Argentina.

Te: (011) 4952-0966.

E-Mail: cdconviv@infovia.com.ar

Notas

Notas

Notas

Este libro se terminó de imprimir
en el mes de noviembre de 2011 en
los talleres gráficos de
Ghione Impresores SRL
www.ghioneimpresores.com.ar

Buenos Aires, Argentina

www.ingramcontent.com/pod-product-compliance
Lightning Source LLC
Chambersburg PA
CBHW071157160426
43196CB00011B/2110